走进百家国医堂

第一辑

学苑出版社

图书在版编目（CIP）数据

走进百家国医堂. 第一辑/《走进百家国医堂》编委会主编.
—北京:学苑出版社，2018.9
ISBN 978-7-5077-5532-9

Ⅰ.①走… Ⅱ.①走… Ⅲ.①中医医院-介绍
Ⅳ.①R197.4
中国版本图书馆 CIP 数据核字（2018）第 188416 号

责任编辑：黄小龙
出版发行：学苑出版社
社　　址：北京市丰台区南方庄 2 号院 1 号楼
邮政编码：100079
网　　址：www.book001.com
电子邮箱：xueyuanpress@163.com
销售电话：010-67601101（销售部）67603091（总编室）
印　刷　厂：北京画中画印刷有限公司
开本尺寸：880×1230　1/32
印　　张：7.5
字　　数：182 千字
版　　次：2018 年 9 月第 1 版
印　　次：2018 年 9 月第 1 次印刷
定　　价：68.00 元

主编简介

胡广芹,女,1967年生,主任医师,北京工业大学生命学院中医药健康工程研究室硕士生导师。中国中医科学院中医临床基础研究所博士后出站。先后拜师于国医大师路志正,国医大师石学敏院士门下。

国家中医药管理局中医药文化科普巡讲团养生巡讲专家。

教育部学校规划发展建设中心特聘专家。

世界中医药学会联合会常务理事兼标准部名誉主任。世界中医药学会联合会痧疗罐疗专业委员会会长。中国中医药促进会推拿砭术刮痧专业委员会会长。世界中医药学会国医堂馆专业委员会副会长兼秘书长。中国中医药信息学会名医信息专业委员会副会长。

编委会

名誉主编 李俊德

主　　编 胡广芹

副 主 编 王文卓　苏惠萍　王海静

编　　委（按姓氏拼音排序）

蔡智勇　曾丽芳　陈咏梅　成　蕻
董文杰　郭桂英　胡广芹　黎海珍
李远明　刘淼淼　司淑玉　苏惠萍
苏　婷　王　达　王海静　王文卓
吴周烨　徐　裴　许仕杰　严　谨
严　晶　杨玉艳　张　磊　张梦洁
张　瞳　郑兴茜　周洪杰

前　言

2015年2月15日,习近平总书记在陕西省西安市电子城街道二〇五所社区考察时,走进了社区中医馆,他说:"开设中医科、中药房很全面,现在发展中医药,很多患者喜欢看中医,因为副作用小,疗效好,中草药价格相对便宜。像我们自己也喜欢看中医。"

中医药服务体系是一个"金字塔",中医馆、国医堂、门诊部、体检中心、养老及养生保健机构的中医药服务是"金字塔"的基础。在这些机构工作的同仁们为中医药事业的发展做出了贡献,他们在开展中医药诊疗、健康养生服务的同时,还在国内外传播着中医药文化。

可以说,现在我们已经处在一个中医药发展的黄金时期,世界中医药学会联合会国医堂馆与社区服务专业委员会便应运而生。国医堂馆与社区服务专业委员会是一个面向在最基层从事中医药服务的中医药工作者的专业委员会。我们深知,成立国医堂馆与社区服务专业委员会,只是万里长征的第一步,我们要做的工作还很多。世界中医药学会联合会国医堂馆与社区服务专业委员会从发起至今已4年,在会长李俊德教授的指导下,我们扎扎实实地开展工作,团结世界各地从事基层中医药服务的同仁们,为提高人民的健康水平,为传播中医药,做了一些事情。相信以后,我们大家齐心协力、再接再厉,能够做出更大的贡献。

目前，不管是国内还是国外，在基层中医机构工作的中医药工作者水平参差不齐。其中，既有高水平的专家、高校毕业生和家传中医子弟，也有缺乏专业培训的人。鉴于这种情况，国医堂馆与社区服务专业委员会为促进中医药健康服务标准化，促进分级诊疗的推广和方便百姓获取优质中医药服务，特在全国范围内组织了"走进百家国医堂"征稿活动，把国内外中医馆、国医堂、门诊部等机构的宝贵经验汇集起来，搭建基层中医药工作者交流临床经验、普及中医养生知识和方法、开展学术研究的平台，以期提升在这些机构工作的中医药工作者的整体水平，推广这些同仁的医疗经验、服务模式，促进中医药事业的发展。

本书为走进百佳国医堂的第一辑，主要内容为树德堂、北京德胜门中医院国医堂、仁福中医门诊部、固生堂等十余家中医堂馆的介绍。每一家堂馆的介绍包括门诊流量、代表专家、特色疗法和典型医案等。因为时间仓促，书稿难免有所纰漏，欢迎读者诸君批评指正。

胡广芹
2018 年 8 月 30 日

目　录

树德堂 ……………………………………（1）

北京人福中医门诊部 ……………………（17）

北京伟达中医肿瘤医院慈丹堂 …………（36）

汉典中医医院 ……………………………（52）

北京德胜门中医院国医堂 ………………（72）

固生堂 ……………………………………（89）

天津武清泉达医院国医堂 ………………（106）

天津市武清区银江中医门诊部 …………（117）

河北中医学院国医堂 ……………………（124）

山西广誉远国医馆 ………………………（149）

渔父国医馆 ………………………………（164）

宜兴市中西医结合医院中医馆 …………（186）

江苏省国医馆 ……………………………（193）

广州中医药大学国医堂 …………………（204）

上海福佑中医门诊部 ……………………（219）

树德堂

树德堂是由著名中医大家焦树德后人及弟子秉承老先生"树德为怀,精研岐黄"的济世宏愿共同发起,经北京市朝阳区卫生局、工商局特许批准成立的中医医疗科研机构,是中华中医药学会授予的全国名老中医之家和中医科普宣教基地。

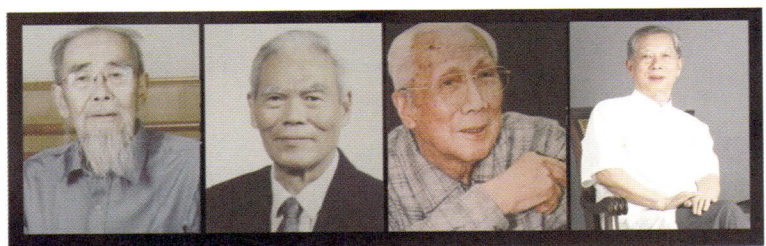

图 1-1 树德堂传承脉络
(从左起为陈东阜、焦树德、关幼波、陈勇)

树德堂自 2013 年开业以来,累计接待患者 5 万余人次。近两年来,每年门诊量约 6000 余人次,年度营业额达 600 万,其中多有外省患者慕名而来,外地就诊患者达 60%。树德堂在 2015 年和厂商进行合作,广采良方、挖掘验方,开发出了一系列迎合市场需求的中医养生产品,开发了极品秋梨膏、阿胶糕、养生茶饮、中药香囊等养生产品。

图 1-2 树德堂门脸

一、弘扬中医 大家风采

焦树德 1922 年 5 月生于河北省辛集市，2008 年 6 月 14 日在北京逝世。他自幼酷爱医学，师从外祖父李讲义先生学习中医，刻苦攻读古典医籍，17 岁即开始进行临床诊疗，深入实践，刻苦钻研。18 岁时，开设济生堂，独立行医，以树德为怀，医术受到称赞，医名渐振。

1958 年秋，他到北京中医学院从事临床教学工作，并在教学岗位工作长达 27 年之久，同时兼任中医学院学位评定委员会委员、研究生毕业论文答辩委员会主任委员等职务。

1984 年春，他奉调到中日友好医院工作，历任中日友好医院中医内科副主任、专家室副主任、教授、主任医师。

1986 年荣获中华人民共和国卫生部授予的"全国卫生文

明先进工作者"称号。

1990年享受政府特殊津贴。

1992年被卫生部、人事部、国家中医药管理局确定为首批全国500名老中医药专家学术经验继承工作指导老师。

图1-3 焦树德铜像

焦老一生从医近70载,他擅长医治内科疑难重病,创有表格式脉象标记法。对于中医科研工作,他提出"继承传统、博采众长、突出特点、创新发扬"的研究方法,主张有目的、有选择、积极地吸收现代科研成果,提倡具有中医特色的创新,深受同行赞许。特别是在辨治类风湿关节炎、强直性脊柱炎等风湿病方面颇有造诣,相继创立了"尪痹""大偻"病名和治疗方药,被医界同仁誉为"类风湿泰斗""治疗强脊第一人"。以他为首研发的风湿病特效药"尪痹舒安""尪痹颗粒"为无数患者带来新生,畅销海内外。他先后六次接受中央电视台专访,九次获得国家级科技大奖。主要著作有《用药心得十讲》《方剂心得十讲》《从病例谈辨证论治》等,并参加了多部中医教材和讲义的编写。

焦树德教授医德高尚,医术精湛,长期以来兼任国家中医药管理局高级顾问等职。1977年起，焦老就担任着中央首长的医疗保健任务，1981年当选为北京市东城区第七届人民代表。1984年4月，卫生部成立北京中日友好医院，焦老奉调筹建该院中医内科。1992年4月被北京市科学技术委员会评为"科技之星"，《北京日报》予以头版刊发，介绍其先进事迹。1994年被收录于英国《剑桥国际名人辞典》。他曾多次应邀赴日本、新加坡及美国等国家讲学，被聘为日本中医学研究会名誉会长、美国中国医学研究院和美国中医药学研究院学术顾问等职，受到国内外医学界的高度赞誉。1999年他将所获得的科研成果奖金全部捐赠给中日友好医院，以促进类风湿病的科学研究。

焦老爱生如子，薪尽火传，对其弟子常谆谆教诲："既习医业，必先要正其心，端其品，怀其仁，无贪欲，要急病人之所急，痛病人之所痛。"

陈勇 树德堂国医馆馆长，北京中医医院特聘专家。出生于中医世家，其父陈东皋师承宫廷御医，新中国建立后在西单设"东皋医寓"，就医者众。自6岁始即在家父启蒙下诵习医典，渐染芝兰，弱冠之年考入当代著名中医教育家、伤寒大家陈慎吾创办的汇通中医讲习所学习，4年后以优异成绩毕业。

1961年调入北京中医医院工作，由于功底坚实精勤不倦，受一代明医、肝病泰斗关幼波先生所器重，遂为关老开山弟子。而立之年，与国医泰斗、风湿病大家焦树德先生之长女结为伉俪，从此执半子半徒之礼，修习内科疑难病诊治，深得堂奥。陈老医承三世，汇通三家医脉，集腋成裘，学验俱丰。

1976年1月参加编写《关幼波临床经验选》一书（20万字），由人民卫生出版社正式出版发行。

1978年开始参加关幼波治疗肝病电子计算机诊疗程序的研制工作，为继承整理名老中医临床经验的工作做出了较为突出的成绩。

1979年"关幼波治疗肝病电子计算机诊治程序"临床实验成功，1980年被评为北京市科研成果一等奖。

1992年8月受国家中医药管理局委派，赴江苏省扬州地区进行水灾后的防病治病工作，并为当地医务人员讲授了中医在防治急性肝炎方面的经验。

1993年6月应新加坡中医学院毕业医师协会邀请进行讲学和学术交流。

1993年8月参加撰写了《关幼波肝病百问答》一书，由华夏出版社出版发行。

1994年9月担任《关幼波肝病杂病论》副主编，由世界图片出版公司出版发行（36万字）。

诊疗专长：内科疑难杂症及妇科常见病。对肝胆、呼吸、消化、心脑血管等系统疾病，如急慢性气管炎、消化不良、胃肠炎、冠心病、神经性头痛、各种发热症等取效卓然，尤擅长医治各种类型急慢性肝炎、胆囊炎、早期肝硬化、肝腹水、重型肝炎等病，在解决肝胆区疼痛、脘腹胀满以及消除肝脾肿大、消腹水、退黄疸、改善肝功能，提高机体免疫力等方面具有较好疗效。

陈咏梅 树德堂国医馆总经理，陈氏中医世家传人。自幼饱受家学滋养，酷爱儒学国艺。中华中医药学会养生分会常务理事，中华中医药学会亚

图1-4　陈咏梅馆长

健康分会委员及中华中医学会美容分会委员，2012年当选中华中医药学会社会办医分会副秘书长。

陈咏梅女士在继承、研习传统医学之余，致力于中医机构的管理和运营。在2010年与北京盛世和鸣文化传播公司就继承、发展、传播国学、国粹、国医等项目达成共识，共同投资成立中医研究院及治疗中心，设立东皁宝仁研发中心及品牌管理中心，使历经数代传承的"东皁宝仁综合疗法"重焕光彩，创研出"东皁宝仁养生酒"系列、"东皁宝仁茶饮"系列、"东皁宝仁御肤"系列等养生产品。

二、国医名家　齐聚杏林

树德堂凭借优越的名医资源，于2014年成立了"树德堂中医专家顾问委员会"，荟萃中医药界权威专家50余位，代表着临床一流水平。为能让老专家学术、经验更好地继承发扬，使之代有传人，申请创建了"王绵之名医工作室"。2017年8月30日，中医名家陈勇教授"行医55周年学术研讨会暨授徒拜师仪式"在北京举行，新收陈西林、程燕、伍祎等多位弟子，并颁发收徒证书；8月30日，著名中医学家焦树德教授之女、树德堂国医馆副馆长焦艺苹教授在北京举行授徒拜师仪式，新收弟子王雅杰、王瑜、徐艳、任崇萍等9人，采取师承学习的带教模式，培养全面综合的中医药优秀人才，让中医薪火相传。树德堂现有坐诊专家16位，约诊专家40多名。约诊专家有：颜正华、路志正、张大宁、石学敏、孙光荣、晁恩祥、温长路、郝万山、仝小林、王承德、谭凤森、王伟钢、裴晓华、刘长信、马桂琴等。

科别：树德堂拥有类风湿、强脊炎、不孕不育症、慢性迁延性肝炎等14个病种的权威诊疗水平和6个优势科系，分别涵盖内外妇儿诸科，其精湛的诊疗水平引领着中医药临床科研发展。

医龄：中医属经验医学，注重临床积淀。医馆名医阵容中，医龄均在35年以上，9位医龄超过40载。

世家：本馆齐聚中医世家传人6名，以肝胆病专家陈勇为代表。

声望：本馆已有16位名医专家，分别参加了《百家讲坛》《中华医药》《养生堂》《健康之路》健康节目的录制，为普及中医药知识进行了积极的探索。

焦艺苹 树德堂国医馆副馆长，中国著名中医大家焦树德教授之女。幼承庭训，家学源远。北京中医药大学毕业后分配至北京协和医院作为四大名医施今墨先生传人，国家级名老中医祝谌予教授的学术继承人13年。1987年赴日本留学，于东京开设中医诊所20余年。2010年当选世界中医药学会联合会风湿病专业委员会常务理事。

诊疗专长：对中西医结合治疗糖尿病及其慢性并发症、高脂血症、类风湿性关节炎及内科杂病等有丰富的临床经验，擅长常见病、多发病、疑难病和慢性病的诊疗。

冯世伦 主任医师、教授，中医经方名家，在国际经方界享有极高的声誉。

诊疗专长：临床应用经方治疗急性病、慢性病、内、妇、儿、外科等病，如慢性前列腺炎、男女不孕不育、内分泌失调、胃炎、糖尿病、风湿、支气管哮喘、皮肤病，药简而效彰。

王玉英 主任医师，北京中医药大学教授，北京卫视《养生堂》特聘专家。

诊疗专长：不育不孕、胎停育、习惯性流产、月经不调、痛经、闭经、盆腔炎、宫颈炎、阴道炎、子宫肌瘤、多囊卵巢囊肿、性冷淡、更年期综合征等；心身疾病（失眠、心悸、烦躁、头痛、慢性疲劳综合征、抑郁症、焦虑症、神经症、精神分裂症等）；皮肤病，如痤疮、湿疹、荨麻疹、面生黑斑等；急慢性咳喘、急慢性胃肠病；老年病，如老年腰腿痛、高血压、冠心病、糖尿病等；急慢性肾炎、肾盂肾炎、尿路感染；肿瘤手术、放疗后、晚期肿瘤以求改善生存质量，延长生命时间者；小儿咳喘、厌食症、多动症等；其他内、妇科不明原因的疑难杂病等。

吴春节 主任医师，针灸名家，被誉为北京中医医院"四小龙"之一。

诊疗专长：骨科颈椎病、腰椎病、肩周炎、关节病、强直性脊柱炎；皮科痤疮、带状疱疹、湿疹；妇科痛经、乳腺病；外科糖尿病足、下肢静脉曲张、丹毒；儿科腹泻、儿童多动症；内科肝胆、脾胃病，以及疲劳综合征、失眠、抑郁症、肥胖症病等病症。

白晶 主任医师，中医内科专家，北京中医药大学教授，树德堂"王绵之名医工作室"负责人。

诊疗专长：擅长治疗内科、妇科杂病，对各种咳嗽、咽炎、哮喘、消化系统疾病如胃炎、肠炎、肝炎、肝脾肿大及妇科月经不调、痛经肥胖、子宫肌瘤、更年期综合征，各种老年病等有较好疗效。

陈西林 中医师，师从中医名家陈勇教授修习内科杂病诊治。

诊疗专长：擅长运用针推、汤药、热熨、火疗等法调治头痛、肩周炎、腰肌劳损、坐骨神经痛、风湿病等疼痛类疾患，对脾胃病、肝胆病、腹泻、便秘、失眠、顽固性咳嗽、胸痹等病，及女性痛经、痤疮、乳腺增生等妇科病疗效明显。

伍祎 中医师，师从北京中医医院肝病科主任医师教授、北京中医药大学王玉英教授、民间骨伤大家"双桥老太太"

关门弟子闫喜焕主任,长于损美性疾病治疗。

诊疗专长:尤擅运用针灸、汤药、药拓、火疗、刺络结合调治女性痛经、缺乳、乳腺增生,以及损美性疾病如痤疮、黄褐斑等疾;对各种运动损伤、颈椎病、肩周炎、腰椎间盘突出、腿痛、腱鞘炎、中老年膝关节炎、胸椎小关节错位、脊椎侧弯等骨伤科疾患,对老年病运动康复、膳食调养,颇有心得,深受患者好评。

程燕 中医师,师从著名中医专家关幼波大弟子陈勇教授、第四批名老中医白兆芝、冯绪生等。

诊疗专长:善于治疗肝胆、呼吸、消化、心脑血管等系统疾病,如急慢性气管炎、消化不良、胃肠炎、冠心病、神经性头痛、各种发热症及月经不调妇科病等。

在中医传承方面,树德堂管理层高瞻远瞩,深思熟虑,对有助青年中医大临床经验提升的培训班,员工可以主动申请参加学习,先后派员工去天津北门医院、广东省中医院、东阿阿胶集团、杭州方回春堂等参观学习。

三、图难于易 强化服务

陈咏梅董事长常说:"医疗是服务行业,把服务做精,把服务做细,把服务做透,是'把服务做好'的基础,我们的患者不光承受着病痛的折磨,更要承受患病带来的心理压力、精神压力、经济压力、家庭压力等等,这种种压力常常超出病痛本身的压力。一个微笑、一句问候、一个善意的眼神,都能使患者在精神上疏解压力,这是良性医患关系,增加互信的最好积累。"

树德堂创变"以医生为主"的传统模式为"以患者为主"的新型服务,首创"个体化诊疗,定制式服务"的范例,将"合理施药,适宜为佳"作为患者的经济方针,把"医养结合，全程关爱"定为医馆的诊疗核心。

图1-5 诊室

全程导医：凡入本馆就诊的患者，可得到询、医、治、药、养、跟等全程一条龙的人性化服务。重症患者由导诊人员协助，优先就诊。

名医会诊：重大疑难病患者经提前约诊，可派"名老中医专家委员会"三名专家成员共同会诊，综合评估，合诊合治，为患者分忧释难。

特色服务：树德堂引进大型中医经络检测仪，开展免费体检、脊柱检测，定期举办中医讲座，为患者开展义诊，特别是针对病重、路途远、经济困难的患者，开通了远程复诊换方服务，在一定程度上为外地患者减轻了经济负担。

细节服务：树德堂根据时令特点，推出了针对防抗雾霾、清咽利嗓、清肝明目的"清润茶""舒甘茶"等免费茶歇，还提供二十四节气养生短信、健康阅读体验，馈赠《中医便民手册》、免费测血糖、血压、体温等内容。

辖区服务：与朝阳区呼家楼街道建立"共建共享"合作关系，积极参与"创享计划"，多次为呼家楼社区居民传授

"八段锦""易筋经"等健身操,开展"中医四季养生讲座"。与社区幼儿园建立合作关系,为幼儿家长举办"中医育儿智慧""小儿推拿"专场讲座。

文化体验:医馆开设有中医药文化体验项目,馆内陈列着研钵、戥秤、药铡等中药炮制工具和称量工具,供大家参观鉴赏。还有"学做药茶""教您识草药""教您按穴位"等体验专项。

服务专家:为每一位主诊大夫配备两名助手,为专家做好约诊服务,维护好专家的每位患者,让中医专家能开心、专心、尽心地为患者诊疗,让患者能放心、安心、舒心地接受治疗。每逢专家过生日,专门定制蛋糕以示庆贺。

国际传播:树德堂自成立以来,和涉外文化公司展开合作,为外籍友人提供形式多样的中医药体验服务,先后三十多次接待外籍旅行团体,引领外籍友人了解中医,传播中医药文化。

名医讲堂:通过"办理积分卡"方式即可获得该项实惠,

图1-6　外国友人体验中医课程

并有机会与"国宝级"名老中医面对面交流。讲座内容因人群而设，有小儿推拿、老年病防治专场，孕婴中医食疗调养智慧、中医的胎教与优生艺术、节气养生、白领的亚健康调理、中医体质辨识专场等。

四、药材道地　效验为上

树德堂谨遵宫廷御医传人陈东阜先生"医者父母心，药者效之魂，凭良心做良药，存善念做善人"之训示，恪守"贫富同心，童叟无欺"之信条，精研理、法、方、药，诚修丸、散、膏、丹。医馆长年聘请有主任中药师2位、老药工3位，对中药的采购、筛择、炮制、调剂层层把关，凭多年的经验技巧，一看、二闻、三尝，即能察知药之优劣真伪，从而确保药材真、纯、净、全、廉，让顾客利益最大化，兑现"百年传承，三世验方"的承诺。

道地药材：谚云"橘生淮南为橘，生于淮北为枳"，强调了物种的适应性和变异性。中药历来推崇"道地"药材，主张适时采摘，方能质优效佳。如：广州的陈皮、杭州的白芍、云南的茯苓皆为土生土长的良药。再如茵陈的采摘，则有"正月茵陈二月蒿，三月四月当柴烧"的讲究。

尊古炮制：加工精良与否关乎药效优劣，不论炒、浸、泡、炙，或是烘、晒、切、藏，均十分讲究。拿刀切来说，它要求切片均匀，薄厚适宜。如：附子、白芍、郁金、玄胡要切得薄如蝉翼，茯苓要切得卷如鹅管，故有"附子飞上天，白芍不见边，茯苓成鹅管，郁金玄胡照见脸"之说。

药源正统：本馆与中国药材公司、三和制药等三家中药材品牌公司建立了择优合作机制，通过对药材的重金属、黄曲霉素等指标及农药残留量进行严格检测、控制，摒弃了人工栽培品种，提供安全可靠的野生绿色地道中药材，最大限度保障患者的用药效果。

品类齐全：馆萃远方珍异之品，毓造妙药之神工，现经营中草药达 1200 多种，存有贵重药品 200 余味、冷僻药材 120 余味。

图 1-7　药房

煎煮讲究：选用小分子、酸碱值在 8.02 的山泉水作为煎煮专用水，严格遵循传统煎煮步骤，区分先煎、后下、单煎兑入等煎药程序，武火煎开后用文火慢慢煎煮半小时以上，保证了药性的完全煎出。

五、全面诊疗　治养结合

中医崇尚整体，治疗强调体质辨证，注重治养结合。如：感冒有风寒、风热证类差别，体质有"瘦人多虚火，胖人多痰湿"之偏颇。因而在治法上，既要悉察病属何证，又须辨别患者属何体质，做到个体化诊疗，合理选施丸散膏丹，才能祛病于将萌，防患于未然。树德堂在继承名医效验基础上，形成了"内外并治，形神共养"的诊治特色，在类风湿关节炎、强脊炎等多种疑难病治疗中收到了满意效果。

开设有中医诊疗、养生调理、针灸推拿、三昧火疗、经络梳理、群罐排毒、瑞艾暖灸、本草药妆、刮痧祛浊、通督整脊、药茶清理、膏滋调养、竹罐温阳、宫廷御颜、本草药拓等疗法。

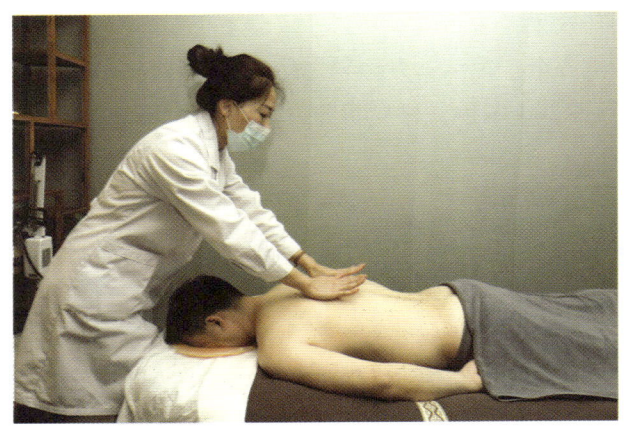

图 1-8 背部推拿

针灸推拿：针灸推拿是中医学"内病外治法"典范。针灸即通过针刺或艾灸腧穴，以疏通经络气血，调节脏腑阴阳，达到治疗疾病的目的。推拿是通过在人体经络、穴位上施以推、拿、按、摩、拨、揉等法，以舒活肌肉关节，激发人体内气，使内气渗透于脏腑，经络通达于全身，起到防病抗病的功效。

药茶清理：我国最早的药物学专著《神农本草经》中有"神农尝百草，一日遇七十二毒，得茶而解"的记载，本馆专家挖掘整理古代药茶典籍十余部，去芜存精，广泛结合名医药茶验方精华，因人因症，茶药结合，研发有四季养生茶、体质调理茶、降脂消滞茶、抗疲劳茶、驻颜茶等十八个系列，坚持饮用可起到调理脏腑、平衡阴阳、益气安神的效果。

通督整脊：又称脊柱矫正术，是以督脉（脊柱）为中心，按中医学"督脉者，阳脉之海"的基本理论为出发点，用整复脊椎关节错动手法让关节、韧带、肌腱、筋膜恢复原位，以此振奋督脉阳气，发挥气之推动、温煦、固摄作用，使全身气血调达，经络通畅，阴阳调和。

焦氏拓灸：本疗法是继承著名中医大家焦树德先生祖传诊疗秘技"药拓法"的基础上，通过陈氏中医世家三代人的实践应用，结合现代科学制备工艺，独家创研的产品调理项目"拓灸疗法"，本法适用于女子宫寒痛经、月经不调、腰膝酸软、类风湿关节炎、强直性脊柱炎、骨关节痛、黄褐斑等症。

六、树德堂陈氏三世祖传茶方

陈氏明目茶

成分：菊花6g　谷精草3g　炒决明子3g　桑叶3g　炒黑芝麻6g

功效：清肝明目，润燥养阴。

主治：肝肾阴亏，眩晕耳鸣，症见视物昏花、迎风流泪、畏光等（注：源自宫廷御医传人陈东阜先生验方）。

焦氏开胃茶

成分：苏叶6g　生山楂6g　砂仁2g　炒麦芽6g　绿萼梅5g

功效：开胃健脾，消食导滞。

主治：饮食积滞，消化不良，症见胃胀嗳气、纳差呕恶、心烦易怒等（注：源自国医泰斗焦树德先生临床验方）。

陈氏清咽茶

成分：天花粉3g　桑叶3g　菊花3g　金银花3g　麦冬3g　生山楂6g　炙甘草2g　罗汉果6g

功效：利咽开音，清热润肺。

主治：慢性咽炎，热盛津伤，症见咽痛音哑、干咳无痰、头痛目赤。

附注:宫廷御医传人陈东皋之医训

夫为医之道,重在存德,为德者首重于仁,所谓医乃仁术是也。夫大医治病,无欲无求,不问贫富贵贱,勿论长幼妍蚩,时存恻隐之心。视患者如至亲,投同门以赞羡,皆因德于艺先,艺承德满。吾之为医,视患者之病如吾之病,视病家亲属之病苦如吾父母子女之病苦,设身处地如自身临之,从而相应而生吾对病人之爱也……但愿为医者行之。

为医者抬手动笔,皆系性命,一针一药,关乎人之生死,故医者业不可不精。业欲精则心必定,心欲定则神必清,如此博极医源,精勤不倦,窥天地之奥而达造化之功。然艺无止境,技恒有差,断不可骄逸他谋,自逞忘形。汝当潜心尽力,俱得真传,青出于蓝胜于蓝也。所谓大医精诚,乃吾医万世当存之本也,未敢一日或忘。

(陈咏梅 整理)

地址:北京朝阳区呼家楼向军南里二巷5号(东三环京广桥西北角)

"树德堂"微信

北京人福中医门诊部

北京人福中医门诊部有限公司是人福医药集团旗下的连锁中医医疗机构，医馆是集中医诊疗、中医养生、家庭医生、互联网医疗为一体的现代中医医疗服务机构。

北京人福中医位于北京市西城区西二环。医馆推崇现代中医，其现代理念是利用现代化的手段为患者提供具备传统特色的中医服务。

图 2-1 人福中医外观图

一、全面 特色的诊疗服务

北京人福中医自 2016 年开业以来，会聚多名国医大师、首都国医名师、全国名中医、北京市名中医，为患者提供高质量的诊疗服务；药材储备齐全，对于药材质量绝对严格要求，采购道地药材，并常年储备近百种冷僻药材供患者使用。

医馆开设内科、妇科、内分泌科、风湿免疫科、皮肤科、儿科、泌尿科、针灸推拿科等多个科室，并常年聘请专家坐诊，提供专业的诊疗服务；医馆开设多种治疗方法，充分利用中医中药的优势，研制了代茶饮、药酒、阿胶糕、外敷药包、足浴药浴包等新产品，如千金养颜酒、益肾健脾酒、降脂酒、宁神茶、玫瑰养颜茶、养血茶、中医外治热敷包等均有良好疗效。

人福养生方面开展丰富的养生项目，如艾灸、推拿、正骨、小儿推拿、哺乳护理、中医护理等获得了广泛好评；除此之外，医馆还提供远程医疗线上咨询、药品邮寄等多项服务，切身地从患者角度出发，尽可能地给广大患者带来便利。

二、人福集团医药　健康全产业

人福中医门诊部隶属于人福医药集团，属于人福医药集团全资子公司，人福医药集团 2014 年便开设医疗健康产业板块，与多家公立医疗机构形成 PPP 合作模式，并独立开设多家医疗机构，专业涉及心血管、辅助生殖、医疗美容、肿瘤、检验等。另外，凭借人福医药集团平台优势，形成医疗、麻醉药、西药、中成药、中药饮片、检验设备、试剂、影像设备、商业配送的全产业结构。

人福医药集团股份公司成立于 1993 年，于 1997 年在上海证券交易所上市。人福医药是湖北省第一家上市的民营高科技企业，也是武汉东湖新技术开发区第一家上市公司。经过 20 多年的发展，已成为湖北省医药工业龙头企业、中国医药工业百强企业、中国民营 500 强企业、全国科技创新示范企业。

作为"国家级企业技术中心""国家重大新药创制专项的

承担单位",公司坚持以研发为先导,持续进行研发投入,与国内外著名研发机构建立了紧密联系和合作平台,与中国军事医学科学院合作成立了"军科光谷创新药物研发中心",牵头成立了"湖北省生物医药产业技术研究院"。

人福医药坚持做医药领域"细分市场领导者"战略,已在国内的麻醉药、生育调节药、维吾尔药等领域建立了领导地位;同时,积极发展医疗服务业,实现医药健康全产业链深度融合。人福医药正稳步推进国际化发展,建立世界级的全球经营的医药公司。

三、诊疗 康养相结合

人福中医国医馆分为中医诊疗和中医养生两大部分。秉承"人人健康,家家幸福"的理念,努力打造集"医疗、养生"为一体的健康综合体。

人福中医强调专业医疗养生理念,建立辨证—健康档案—中医养生的治未病体系,为患者提供量身定制的养生服务,如痧疗罐疗、中医整脊、理筋通络等。

(一)名医工作室

中医诊疗方面,人福中医门诊部更是名医会聚,目前已有名医50余位,包括国医大师薛伯寿、国家级名老中医林兰等,国医大师薛伯寿教授、首都国医名师林兰教授、沈氏女科流派、北京市名中医杨星教授分别在人福中医门诊部设立了"薛伯寿国医大师传承工作室""林兰名医工作室""沈氏女科工作室""沈氏女科外治中心""杨星工作室"等。

1. 薛伯寿国医大师传承工作室

薛伯寿,男,1936年8月出生,中共党员,主任医师,曾历任中国中医科学院专家委员会、高评委员会委员,中央保健会诊专家。1963年上海中医学院毕业,被选拔拜著名中医学家蒲辅周为师13载,为蒲老喜爱弟子,被中医大师路老评价为"继承名中医之楷模"。参加整理《蒲辅周医案》,负责编写《蒲辅周医疗经验》,两本书获全国科技大会奖。发表论文五十余篇,主编《蒲辅周学术医疗经验——继承心悟》,即将出版《蒲氏医学真传——薛伯寿热病传承篇》。数十年来,发扬蒲老崇高医德医风,对技术精益求精,走德艺双馨之路,追求提高疗效,为杰出的临床家。

薛老对待患者既有耐心又细心,从用药到日常生活习惯,事无巨细,一一详细询问指导,处处彰显大师风范,获得了患者一致好评。

图2-2 薛伯寿传承工作室

2. 沈氏女科工作室

国家中医药管理局沈氏女科流派传承工作室、沈氏女科临床教学基地、沈氏女科沈宁工作室揭牌仪式在2017年5月6日下午在北京人福中医门诊部举行,沈氏女科正式进驻人福中医药集团。"沈氏女科"全称"上海大场枸橘篱沈氏女科",

始于明太祖朱元璋洪武元年（约 1368 年），传承至今，有二十一代之久，已六百余年。2013 年，沈氏女科传承保护被列为北京市西城区级非物质文化遗产名录项目，2014 年"崇厚堂沈氏女科疗法"被列为北京市第四批市级非物质文化遗产名录项目。沈氏女科是中医药学术流派的重要组成部分，为中医妇科乃至中医药的延续发挥了重要的作用，沈氏女科的传承见证了中华中医药的兴衰史。自去年 5 月至今沈氏女科接待诊治患者一千余人，开发研制了一系列方便患者携带的沈氏女科膏方、水丸、代茶饮等产品。

图 2-3　沈氏女科沈宁工作室揭牌仪式

3. 杨星工作室

2016 年，杨星教授"名医工作室"在人福中医落成。杨星，主任医师，教授，毕业于北京中医药大学，从事临床工作四十余年，曾在国外行医多年，代表国内中医专家多次在当地电视台就常见顽固的多发病进行理论讲解和指导，并得到了一致赞誉，对于常见病，多发病，疑难病的临床均有非常丰富的经验。在多年行医过程中，杨星主任总结了针对西医"难攻克，久服药"病证的一系列诊疗方法，如高血压、高血脂、糖尿病等，打破了人们对于该类病症需要终生服药的误区，通过中药的调理，可以达到摆脱药物控制，恢复正常血压血脂的目的。

擅长运用中医理论调理治疗女子不孕症、多囊卵巢、巧克力囊肿、卵巢早衰，尤其擅长治疗男子不育症、精子少、精子活动力差、精子不液化等，并在现代不孕不育的试管婴儿方面，有着深入的研究和显著的疗效。提高精子成活率，卵子质量，大大提高了试管婴儿的成功率，被患者深切认同。

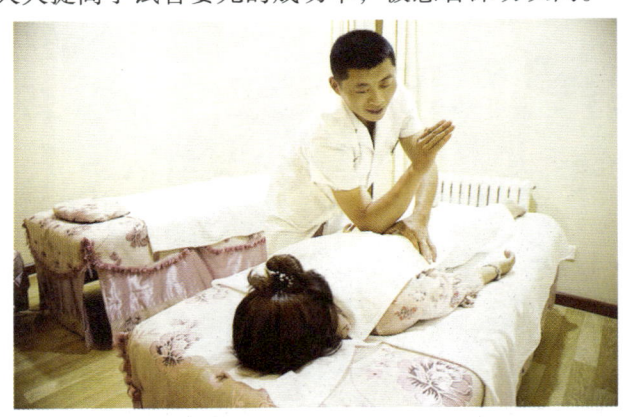

图2-4　中医推拿治疗

(二) 特色中医外治疗法

中医外治是与内治相对而言，可分为广义和狭义两种。广义的外治法仍包括针灸、推拿等治疗方法，狭义的则指用手法或器械将药物施于体表，从体外进行治疗的方法。在治疗科别上可概括分为"内病（包括内科、妇科、儿科）外治"与"外病（包括外科、骨伤科、皮肤科、五官科）外治"。在治疗方法上，如单纯采用药物施用于某一特定部位或感官的则称为"药物外治法"；若以拔火罐、刮痧等手法或器具治疗的则可称"非药物外治法"。人福中医聘请多位外治专家开展综合的多方位外治手法。

宋永江大夫作为人福中医外治的代表人物,以针灸和外敷见长,对于患者中医辨证论治,通过针刺刺激体表经络腧穴,达到疏通经气、激发冲任、调经助孕的目的,针对月经失调、痛经、不孕症、闭经、崩漏、带下病等妇科疾病有显著效果。外敷是将药物打碎装袋,蒸热后,热敷于患处,以暖宫散寒,调经气血,温经止痛,针对因宫寒引发的月经失调、痛经、不孕症,同时对盆腔炎、附件炎、输卵管不通,有明显疗效。

(三) 现代中医体系

1. 授人以渔

人福中医自成立以来便重视医疗培训,这也是现代医疗的必备。自成立以来,医馆内举行内部医疗培训讲座30余次,线上培训5次,人数近2万人;线下培训3次,人数近300人。

2. 中医医疗服务

医馆全面创新健康管理一条龙服务,每天安排不同的专家,采取分时间段预约就诊的方式,既不会产生长时间的等候,还可以使医馆有序运营,创造安静舒适的就诊环境。从就诊前的网上预约到就诊,再到就诊后的疗效回访,环环相扣,给患者全新的就诊体验。

今年,北京的陈某突发脑出血导致偏瘫,紧急治疗后进行康复治疗,两个月康复期他每天都要在老伴的陪同下在医院排队两小时进行康复治疗,这对于大病初愈的他来说非常的困难,病情相对稳定后他来到了北京人福中医门诊部进行进一步的治疗。

人福中医门诊部到陈某家步行只需要10分钟,而且医馆采取预约制，在网上预约大夫后当天按时来诊即可，来到门诊后乘坐电梯到二楼诊室马上就可以接受治疗，无须等待，在外等候的老伴也可以坐在候诊区的沙发上喝一些热水了解一些中医养生康复知识，安静舒适的就诊环境给陈某和老伴都带来了极大的便利。在人福中医门诊部，患者不仅能享受专业的诊疗服务还可以享受舒适的就诊环境，有专业客服指导就医，这为身体不适的患者就诊提供了便利。

对于外地就诊不方便的患者，人福中医门诊部还开设了远程医疗服务，利用现代科技惠及全国患者。倡导"内外并治"，突破分科过细导致对疾病认识片面的弊端，从整体与联系的视角认识疾病，"内病外治，外病内治，内外同调"，以提高临床疗效，治疗各种疑难杂症。采取多种治疗方法，开发研制了代茶饮、药酒、热敷包、膏方、水丸等。

此外人福中医门诊部多次组织社区义诊活动，通过对健康知识宣讲、传播、咨询等，大力宣传中医，宣传健康科普知识，倡导健康、文明、进步的生活方式，增加居民对常见疾病了解，引导居民树立健康观念、培养健康行为、提高健康素养。

（四）专业养生服务

医馆在继承和发扬传统中医精华的基础上，大胆创新，有机地整合中医学与现代医学主流与非主流的健康理念与医疗技术，打造全新的现代中医药服务模式。

人福中医门诊部开设了丰富的养生项目，如刮痧拔罐、正骨推拿、足浴药浴、艾灸、小儿推拿等多种理疗项目，通过各种方法颐养生命，增强体质，预防疾病，从而达到增强体质、预防疾病的目的。

四、专家团队

薛伯寿主任系医师、教授、硕士研究生导师,全国老中医药专家学术经验继承工作指导老师,首都国医名师,国医大师,享受国务院特殊津贴。

1963年8月—1975年4月他于中医学院毕业后即拜当代著名中医学家蒲辅周为师,在中国中医研究院广安门医院高干外宾治疗室跟师学习深造了13年。蒲辅周医师一直承担周总理等中央首长保健工作,周总理称颂蒲老为"高明中医,又懂辩证法"。他先后在《中医杂志》《上海中医杂志》等发表蒲辅周学术思想继承与发挥的论文有数十篇,全面继承先师医德作风,继承先师的学术医疗经验。在敬爱的周总理亲自关怀下,整理编写了《蒲辅周医案》《蒲辅周医疗经验》,这两本书获全国科技大会奖,又主编了《蒲辅周学术医疗经验——继承心悟》。

图2-5 薛伯寿

1965年曾在医疗队跟随著名针灸专家叶心清学习工作一年。1975—1989年在中国中医研究院广安门医院,曾任广安门医院邯郸大学班主任、广安门医院大内科副主任、中国中医研究院西医离职学习中医班主任。

1986年10月被推荐赴朝鲜平壤医科大学东医系讲授中医辩证论治,受到了较高评价,被评为中国中医研究院优秀教师。

1986年因全面继承先师经验、医德医风，临床疗效高，被国家科委批准为国家级有突出贡献的科学技术专家，享受国家特殊津贴。

1987年9月被推荐去非洲运用中医中药试治艾滋病一年余，在《中医杂志》英文版发表"中医药试治艾滋病经验"。

1989年—1991年10月赴荷兰神州医药中心办一期欧洲高级中医提高班，讲学兼临床指导看病，深受学员、病者们的欢迎。

1991年8月—2003年4月在中国中医研究院西学中班任教授，在广安门医院教研门诊带学员临床看病，培养了数百名中医及中西医结合的骨干人才，其中有的现已成为著名专家。

擅长中医治疗内、妇、儿科疑难病。

林兰，中国中医科学院首席研究员、博士生导师，国家级名老中医，1963年毕业于上海医学院医疗系。曾较长时间跟随程门雪、张伯臾、金寿山、陆瘦燕等著名中医专家学习，积累了丰富的临床经验，具有高超的医术。她1976年创建了广安门医院内分泌科，现任广安门医院内分泌重点专科主任、国家卫生和计划生育委员会"重点专科"、国家中医药管理局"全国中医内分泌重点专科"和"全国中医内科内分泌学重点学科"学术带头人，中央保健委员会会

图2-6　林兰

诊专家、国家药品监督管理局药品评审专家，曾任中西医结合学会糖尿病、内分泌专业委员会主任委员、中华医学会理事。

林兰教授酷爱中医事业，熟读中医的经典著作，博览医籍，刻苦钻研医术，综合各家所长不断创新。结合自己临床实践，揣摩出一整套独特的内分泌疾病辨证治疗规律。她提倡"发皇古义，融贯中西"，从20世纪70年代起，她提出"糖尿病三型辨证"理论，该理论发展并完善了中医学的消渴、消渴病的相关理论，成为糖尿病中医辨证论治新方法，该理论自1986年被国家卫生部药品监督局纳入《新药（中药）糖尿病（消渴病）临床研究指导原则》沿用至今。从70年代至今，她根据糖尿病临床实践，进一步提出以"益气养阴法""活血化瘀法"作为糖尿病及其并发症的治疗大法，并研制出一系列中药新药，如上市药"降糖甲片""渴乐宁胶囊""芪蛭降糖胶囊""渴络欣胶囊"等，国家专利品种"糖心平胶囊""渴络欣胶囊""芪蛭降糖胶囊"等。

临床擅长治疗糖尿病及其并发症、甲状腺疾病及内科疑难病症。

杨星 北京中医药大学教授、东直门医院主任医师、教授。

擅长应用中医药治疗风寒湿痹引起的无菌性股骨头坏死、强直性脊柱炎及一些原因不明的发热、痤疮、淋巴结肿大、咳嗽、糖尿病、心慌心悸、头晕头痛、消化系统疾病，呈现良好的疗效；治疗男女不孕不育、妇科病、风湿

图2-7 杨星

病、食道癌，运用中药治疗效果明显。

华华 中国中医科学院广安门医院皮肤科主任医师，重点专科后备学术带头人。

擅长皮肤科常见病，如慢性荨麻疹、湿疹、银屑病、黄褐斑、痤疮等皮肤科疾病及常见内科病的治疗。

江希萍 主任医师，著名的中西医结合妇科专家，出生于1939年，江苏省连云港市人。1966年毕业于南京医学院（现南京医科大学）医疗系，毕业后在协和医院和北京朝阳医院妇产科继续深造，1970年参加"全国西学中班"学习两年，现为中国中医研究院广安门医院妇科主任医师。毕业后即从事于妇科临床、科研与教学工作，由于他于中医、西医都经历了正规系统的学习，具备了中西医两套医疗技术的良好医能，为中西医结合临床研究奠定了坚实的基础。通过三十多年的临床实践，对诊疗妇科疾病积累了丰富的临床经验，并在妇科理论方面亦有较深的造诣。临床上对经、带、胎、产等常见病、多发病的诊治有独特的见解与治疗

图2-8 华华

图2-9 江希萍

方法，其疗效十分显著。

擅长以中西医结合综合治法医疗疑难重症，临证用药时追求实效而不虚张声势。三十多年来在子宫内膜异位症、不孕症、习惯性流产、更年期综合征、痛经、功能性子宫出血、月经不调、妊娠中毒症、盆腔炎、子宫肌瘤、ABO 溶血、外阴疾病如外阴营养不良等均有较深探索并及时总结了治疗经验。

张兆发 主任医师，出身于中医世家。1963 年毕业于上海中医药大学医疗系，毕业后又曾分别在中国医学科学院协和医院和北京积水潭医院泌尿外科进修各一年。先后于中国中医研究院广安门医院、北京中医药大学从事中医临床研究与教学工作四十余年，对中西医临床医学有较高的造诣，是著名的中西医结合泌尿外科男科专家。曾历任《中国农村医学》杂志编委、中国中医研究院高职称评委、北京针灸骨伤学院学委、高评委、学院学报编委等，曾多次为中央电视台山东电视台四川电视台等医学讲座，并多次出国参加国际学术交流和外援医疗工作，均得到好评，多次接受当地电视台采访与播放，现已被列入《中国当代名医词典》等书册内。四十余年的临床实践中，总结出中医理论与现代检测方法结合，辨证与辨病相结合的诊治方法，发挥了中医药现代化的优势，使临床医疗有很好的疗效。

图 2-10　张兆发

擅长治疗阳痿、早泄、不育症、结石肿瘤、前列腺疾病。

周亚男 副主任医师，毕业于北京中医药大学，"小儿周"周慕新先生的孙女及学术继承人，幼承家学，曾师从于周之仁、刘渡舟、刘弼臣等临床专家，临证习医三十余年，尽得真传。

擅长治疗呼吸、脾胃、心脑血管及肝胆肾、内分泌的系统疾病，尤擅长根治小儿哮喘、肺炎、支气管炎、鼻咽炎、扁桃体炎、反复感冒及过敏症等疑难顽固性疾病及痛经、月经不调等妇科疾病，疗效显著，24小时退高烧乃"小儿周"一绝。

图2-11 周亚男

五、人福国医馆开发研制产品

人福国医医馆建馆两年来，不断开发创新，研制出各类型新产品几十种，主要包括药酒、代茶饮、中药面膜、养生粥等。

（一）茶饮

清热疏肝茶 功效：清热养阴，疏肝解郁，适合肝胆火旺人群使用。主要成分：麦冬、山楂、玫瑰、金银花。

桂圆玫瑰茶 功效：养血滋阴，养心安神，适合肝血不足、失眠多梦人群使用。主要成分：玫瑰花、枸杞子、桂圆肉。

祛风散寒茶 功效：发汗解表，祛风散寒，适用于风寒感冒、鼻塞流涕人群使用。主要成分：荆芥、紫苏叶、桂枝、干姜。

日常保健茶 功效：补益气血，提高免疫力，适用于周身乏力、感冒频发、免疫力低下人。主要成分：黄芪、枸杞、大枣。

宁神茶 功效：益心气，宁心神，适用于思虑过度、失眠多梦人群使用。主要成分：合欢皮、桂圆、茯神、炒枣仁。

清解茶 功效：清热解毒去火，适用于咽喉肿痛、眼目红肿人群使用。主要成分：淡竹叶、芦根、桑叶、菊花、薄荷。

图 2-12 部分茶饮展示

瘦身茶 功效：润肠通便，健脾除胀，减脂瘦身，适用于肥胖人群使用。主要成分：茯苓、荷叶、绞股蓝、番泻叶、泽兰、陈皮、火麻仁、决明子、莱菔子、乌龙茶。

降脂茶 功效：降血脂，促代谢，软化血管，适用于高血脂人群使用。主要成分：苦丁、绞股蓝、银杏叶、葛根，山楂、柠檬、陈皮。

清肺化痰茶 功效：止咳化痰、养阴润肺，适用于咳嗽痰多人群使用。主要成分：浙贝母、陈皮、蜜紫菀、蜜款冬花、炒桃仁。

雾霾清肺茶 功效：化痰清肺止咳，适用于咳嗽咳痰及雾霾天气保健饮用。主要成分：蜜桑白皮、桔梗、化橘红、罗汉果、苏梗、杏仁。

降压方 功效：降血压，通经络，止眩晕，护血管，适用于高血压人群使用。主要成分：绞股蓝、钩藤、野菊花、葛根。

糖神方　功效：降糖益气活血，适用于高血糖人群使用。主要成分：黄芩、桂枝、鸡血藤、赤芍、甘草。

止汗方　功效：清热生津止汗，适用于多汗人群使用。主要成分：桑叶、浮小麦。

增乳方　功效：益气血通经下乳，适用于乳汁少人群使用。主要成分：当归、党参、川芎、生地黄、桔梗、通草。

降酸方　功效：清热利尿降酸止痛，适用于尿酸高人群使用。主要成分：车前子、土茯苓、苍术、薏苡仁。

慢性头痛方　功效：祛风养血除湿止痛，适用于慢性头痛人群使用。主要成分：熟地黄、炒山药、茯苓、山茱萸、川芎、五味子。

（二）面膜

图 2-13　面膜产品展示

美白面膜　功效：美白、养颜、祛斑，适用于晒伤、雀斑及皮肤过敏人群使用。主要成分：青黛、白芷粉、僵蚕、茯苓粉、冰片、珍珠粉、白附子、玫瑰花。

祛痘面膜　功效：祛痘、养颜、美白，适用于青春痘、痤疮人群使用。主要成分：僵蚕、青黛、白芷粉、茯苓粉、冰片、白附子、白及粉、珍珠粉、玫瑰花。

（三）药酒：

图 2-14　药酒及其他产品

滋阴壮阳酒　功效：益肾精、通阳道、起阴气，适用于早衰、腰膝酸软、不耐疲劳、听力减退、牙齿松动易落人群使用。主要成分：生地黄、酒黄精、肉苁蓉、鳖甲、红参、仙茅等。

千金养颜酒　功效：养肝血、通瘀滞、养颜泽夫、月经不调，适用于畏寒、手脚冰凉、月经不调、痛经、色斑、肤色暗沉无光泽人群使用。主要成分：当归、西红花、怀牛膝、山茱萸等。

脾肾两助酒　功效：健脾开胃、消食、强肾壮阳，适用于脾胃虚弱、食欲不振、嗳气吞酸、腹胀泄泻人群使用。主要成分：酒黄精、炒山楂、怀牛膝等。

易经通络酒　功效：祛风除湿理关节、温阳强肾壮骨，适用于风湿、腰膝酸软疼痛人群使用。主要成分：防风、酒黄精、川芎、延胡索等。

养肾益精酒　功效：养肾生精、强腰膝、坚筋骨，适用于腰膝酸痛、无嗣、精气清冷人群使用。主要成分：枸杞子、酒黄精、肉苁蓉、怀牛膝、鳖甲、锁阳、菟丝子等。

采阴补阳酒　功效：滋补肝肾精血、补益肾中阳气，适用于腰膝酸冷、精神不振、怯寒畏冷、阳痿遗精、尿频清长人群使用。主要成分：龟甲、酒黄精、鹿茸、太子参等。

健脑益智酒　功效：补肾益精、健脑增智、通督脉瘀堵，适用于腰背酸重眼目干涩乏力、健忘精神不振人群使用。主要成分：鹿角霜、熟地黄、何首乌、制远志、炒枣仁、茯神等。

轻身美容酒　功效：补脾肾，养阴活血，适用于适用于面色无华、肥胖人群使用。主要成分：当归、三七、西红花、僵蚕、荷叶、炒决明子等。

养血乌发酒　功效：益肾经、乌发生发、须发早白，适用于脱发、须发早白、爪甲枯燥人群使用。主要成分：酒黄精、女贞子、西红花、黑芝麻、当归等。

降血脂酒　功效：补血活血，养阴生精，适用于高血脂人群使用。主要成分：三七、红花、水蛭、黄精、丹参等。

药酒治痛经案例

陈某，女，37岁，自述行经腹痛、腹胀、腰酸、腰疼10余年，伴眼目干涩、脱发。有子宫肌瘤病史，尝试过多种药物和非药物治疗，效果均不明显。疼痛严重时需要服用止痛片缓解，严重影响工作生活。刻下面色稍黄，精神尚可，经期较准，经来五六天，量多，色暗有块，腰凉，乳房胀痛，舌质暗，舌下青筋，脉细涩。诊断为肝血虚，肾阳虚，气滞血瘀。嘱服千金养颜药酒，日一次，每次20ml。

患者于下次月经时来电，自述服用药酒后疼痛缓解明显，血块减少，腰凉减轻。嘱继续服用药酒。

两月后随访，患者自述疼痛减轻，已不需要服用止痛片，经前乳房胀痛消失，经血颜色鲜红，腰凉、血块等症状基本消失。

药酒治肾虚案例

王某某，男，41岁，自觉头晕耳鸣一月余，生气时加重，伴腰酸腰痛，尿频尿急，神疲乏力，足跟痛，眼干眼涩，经常浑身发冷，四肢不温，多年大便不成形，有强直性脊柱炎史。舌淡白，脉沉无力。诊断为脾肾阳虚。嘱服药酒温阳右归方，日一次，每次30ml。

一月后随访，患者自述头晕，四肢不温，手脚冰凉，腰痛腰酸缓解，生气时头痛偶尔发作，尿频尿急、眼干基本消失。嘱继续服用药酒，并控制情绪，尽量保持心态平和。

（张梦洁　整理）

地址：北京市西城区白纸坊西街20号1/2层

"人福中医"微信

北京伟达中医肿瘤医院慈丹堂

慈丹堂是北京伟达中医肿瘤医院的中医特色堂馆。北京伟达中医肿瘤医院始建于 2005 年,由中国人民解放军第二军医大学东方肝胆外科医院院长吴孟超院士担任名誉院长,由郑伟达教授担任院长。

图 3-1 北京肿瘤医院慈丹堂

一、弘扬中医 大家风采

北京伟达中医肿瘤医院坚持以郑伟达院长创立的"以人为本,科学抗癌"的科学治癌观,以"伟达治癌新十论"为理论指导,以"抗癌康复四位一体疗法"为具体治疗方法,结合穴位注射、针灸、外敷中药、腹腔给药等疗法,并引进全新纳米肿瘤治疗仪,通过"专家、专病、专科",针对具体病种、病情、症状,选择科学治疗方案,给予针对性、系统性的个性化治疗。

郑伟达教授研制的抗癌新药慈丹胶囊目前已经在上海东方肝胆医院做抗肝癌复发的课题研究,该课题已经成功申报国家863计划。四位一体疗法及其他特色治疗相结合,可以有效减轻患者痛苦,改善生存质量,延长生命,临床应用多年来已使近万名患者延长生命达5年以上,患者至今健在,康复患者遍布美国、英国、法国、加拿大、新加坡和港、澳、台等30多个国家和地区。该疗法的提出创造了癌症治疗新模式,即"伟达模式",这标志着中医药抗癌已达到世界先进水平。北京伟达中医肿瘤医院自建院开始,一直奉行"以病人为中心"的办院宗旨和"全心全意为患者服务"的服务理念,现已成为"国家中医肿瘤重点建设学科",并获得了"中医名院""诚信宣言单位"等荣誉称号。医院始终坚持为癌症患者提供"医院环境舒心、治疗效果放心、病房设施称心、医院管理精心、医务护理贴心"的"五心级"服务,不仅仅在医疗行业树立了一面旗帜,更在广大癌症患者的心中树立起了一座无字的丰碑。

(一)理论创新——首提"癌症瘀毒理论"学说

郑伟达教授首提"癌症瘀毒理论"学说。癌症的主要病因是"瘀"证加"毒"证成为"瘀毒"证,也就是说,瘀毒互结是"瘀毒"的本质。通常瘀症是指有形的病症,可看得见或可触及,例如良性肿瘤或临界瘤,其病变只是在人体的局部,手术治疗后不会复发,完全可以治愈。而此处的瘀毒证是指恶性肿瘤,是全身性的疾病,手术治疗后一般并未完全治愈，还会复发、转移。运用瘀毒理论认识、研究癌症的病因病理，并以此理论指导辨证施治，多获良效。"瘀"在中医学的基本概念是血液凝滞，亦有更加广泛的含义，如血瘀、痰瘀、毒瘀、污秽、久病、郁积、停滞等。"毒"是中西医共同的概念，在内涵上，两者有明显的相似性。西医的毒是指毒性物质，有生物性和化学性之分，如病毒。中医将凡能导致危害生命的难治性、凶险性、预后差的疾病因素统称为"毒"，言其"物之能害人者，皆谓之毒""邪之凶险者谓之毒"。中医认为各种邪毒留滞体内则可导致肿瘤发生，故化瘀解毒法是治疗癌症的核心方法。

（二）科技创新——原研国药慈丹胶囊，与吴孟超院士联合攻关解决"原发性肝癌术后复发与转移"难题

基于癌症"瘀毒"理论和"化瘀解毒"思路，郑伟达教授研制了"慈丹胶囊""复方芪术消瘤胶囊""柴苓消癀丸""天黄癀丸""茵陈双白丸"等一系列抗肿瘤中药。其中"慈丹胶囊"以国药准字号（Z20063914）于1998年正式上市，实践表明，慈丹胶囊对肝癌的治疗有良好的作用，可以减轻肝癌治疗过程中手术、化疗、放疗等对机体所造成的损害，术前服用，可改善临床症状，增强体质，为手术创造有利条件；术后服用，能促进健康，预防复发和转移。为进一步研究慈丹胶囊治疗肝癌机理，于2008年申报并获得国家自然科学基金项目"肝癌门静脉癌栓的生物特性及慈丹胶囊对其分化诱导的代谢组学研究"，项目批准号：30873352。研究结果提示：慈丹胶囊作为传统中药配方、标准抗肿瘤药物已广泛应用于临床10年以上。2009年，"伟达慈丹四位一体抗癌康复疗法的临床研究"荣获"中华中医药学会2008年度科学技术进步二等奖"；2009年，慈丹胶囊进入国家医保目录。2013年与第二军医大学东方肝胆外科医院吴孟超院士团队联合申报国家"重

大新药创制"科技重大专项"十二五"计划课题"慈丹胶囊单药或联合（TACE）方案治疗原发性肝癌的 IV 期临床研究"，项目编号：2013ZX9104006。2013 年正式入选第 461 次香山科学会议治疗原发性肝癌用药共识。据不完全统计，生存 5 年以上有 2600 多例之多，生存 10 年以上有 640 多例。

（三）疗法创新——独创"四位一体"抗癌康复疗法

郑伟达教授独创"伟达慈丹四位一体抗癌康复疗法"，以"有效的药疗、合理的食疗、坚强的心疗、适当的体疗"为治疗核心，以"改善患者症状，控制其病情，抑制肿瘤生长，防止复发和转移，有质量地延长患者生命"为作用表现，以"整体协同，优势互补，各司其职，各施所长，整合治疗，无副作用"为治疗特点，是中医优势在肿瘤临床中的具体化。郑伟达认为，首先要使病人对癌症有个正确认识，消除对癌症的恐惧心理，认识到良好的心态是战胜癌症的法宝和前提。故对于癌症患者，首先要求他做到"思想放松、意念坚强、心态平衡、精神愉快"，一般的病人经过心理治疗，可以改善恐惧、无助、绝望、焦虑和抑郁的状态，表现为增强了战胜疾病的信心，配合治疗，利于疾病的康复。中医治癌之所以取得较好疗效，关键在于药疗的辨证论治。最大的优势和特点是根据癌症病人的不同病种、病情和治疗阶段，有针对性地制订用药方案；是以扶正和祛邪相结合，改善症状和消除癌瘤病灶相结合。食疗是四位一体疗法的基础，食物是维持生命的物质基础，不仅可以供给营养，而且有些食物还具有抗癌作用，因此，对于癌症患者来说，饮食调治具有重要的意义。体疗是四位一体疗法的补充，体育锻炼不仅可以改善体质，增强机体抗肿瘤的能力，而且可以培养意志、陶冶情操、改善心理状况，对于癌症患者的康复具有重要意义。重视群体锻炼，群体抗癌，彼此相互交流抗癌经验，相互安慰、相互关心、相互帮助、相互鼓励，获得心理重塑。

（四）学术创新——倡导"中西医优势互补"治疗肿瘤

2009年以来，郑伟达教授首次在全国肿瘤学术会议上中提出肿瘤中西医优势互补论。中西医两种医学由于认识不同很难在理论上结合，但可以在治疗上优势互补，降低肿瘤复发率，并先后承担多项国家课题、主办和承办多个全国性会议。2009、2011年连续召开两届中华名中医论坛，该论坛是中医药届最高级别的会议，会议在继承国医大师精髓，推动中医药事业发展与中西医优势互补治疗肿瘤两个方面进行讨论，为推动中医药事业做出了巨大贡献。2012年12月15日，在上海与中华中医药学会、第二军医大学东方肝胆外科医院联合主办了"2012首届全国中西医肝胆肿瘤医学论坛"。吴孟超院士担任大会主席，郑伟达教授担任执行主席，300多名中西肿瘤专家共同探讨中西医优势互补提高肝癌临床疗效，农工党中央主席、卫生部部长陈竺院士高度评价此次大会。2013年5月22、23日，"香山科学会议第461次学术讨论会——发挥中西医优势治疗原发性肝癌学术会议"在北京召开，郑伟达教授与中科院吴孟超院士、中国工程院张伯礼院士担任大会执行主席，在会上做了题为"优势互补，协同创新——中西医共谱治疗原发性肝癌的新篇章"的专题报告，得到与会专家学者的高度赞誉。该报告提出了中医早介入"四早"原则是中西医优势互补治疗肝癌的关键点，肿瘤作为全身疾病的局部体现，寻求中西医多学科、个体化、规范化治疗，充分发挥中西医优势互补治疗肿瘤是一种必然发展趋势。

（五）文化自信——倡导诗词陶冶情操、祛除精神瘤疾

郑伟达教授坚定地认为诗词是有益于人类身体健康并可以

陶冶情操的。随着人们生活水平的提高，医学模式的转变，人们的健康观念发生了转变。健康不仅涉及人的体能方面，也涉及人的精神方面，即将道德修养作为精神健康的内涵，其内容包括：健康者不以损害他人的利益来满足自己的需要，具有辨别真与伪、善与恶、美与丑、荣与辱等是非观念，能按照社会行为的规范准则来约束自己及支配自己的思想和行为。因此，郑伟达教授积极投身家乡建设之际重组福建白岩山实业发展有限公司，打造以中医药养生为特色、以三教文化为内涵、以诗词歌赋助推，创建"一个主题、三大旅游层面、五个旅游功能片区、六大旅游产品"的格局。一个主题即发展定位：突出邻近福州市场的良好区位优势，充分利用良好的生态环境发展富有特色的休闲养生度假旅游产品。发展重点：强化基础建设；建设不同特色的旅游休闲养生度假设施，主要包括中医药养生、运动休闲养生等；建立游客服务中心；突出作为休闲养生度假旅游目的地的地方特色，形成集旅游观光、休闲度假、三教文化、诗词养生、鲜药种植、农耕文化于一体的旅游胜地。

二、踵事增华　一脉相承

郑伟达教授

出诊时间和地点：

周三上午，北京伟达中医肿瘤医院国慈丹堂出特需门诊。

每周四上午，北京中医药大学国医堂中医门诊部。

周四下午，北京中医药大学国医堂第三附属医院（北京冶金医院）专家门诊

郑伟达教授1959年7月出生于福建闽清，中医世家，农工党党员，自幼通读中医经典著作，擅长治疗各种疑难杂症，尤其是肿瘤的中医防治。1980年参加工作，1996年加入中国农工

民主党,中医泰斗、卫生部中医司原司长吕炳奎教授关门弟子。从医三十余年,发皇古义,融会新知,坚持"以人为本、整体治疗",总结并创立了以"四位一体"为指导思想的抗癌理念,治疗肿瘤患者无数。现任北京伟达中医肿瘤医院院长,福州伟达中医肿瘤医院名誉院长,深圳市伟达药业发展有限公司董事长,伟达医药集团董事局主席,福建白岩山实业发展有限公司董事长、法人代表。

图3-3 郑伟达教授

主攻方向:

对肿瘤、肝硬化、风湿病、前列腺病、冠心病等疑难杂病治疗造诣颇深,尤其擅长于肿瘤的中医防治,提出"以人为本,科学抗癌"和"癌症瘀毒论"的先进理念,并取得了突破性成果。

学术著作:

著有《原发性肝癌中西医结合治疗学》《肝癌瘀毒论》《中医治疗肿瘤的经验》《疑难杂病中医治验录》等医学专著六十多部,和《郑伟达诗词》《郑伟达诗词续集》《医馀吟草》《八闽岳祖白岩山》等多部诗集,并在、省级刊物上发表学术论文100多篇,其著作被国家图书馆收藏。

郑伟鸿

出诊时间:周二、周四、周五上午,在北京伟达中医肿瘤医院慈丹堂。

图3-4 郑伟鸿

中国农工党党员，2014年首都劳动奖章获得者、2015年首都劳模，中华中医药学会社会办医管理分会副主任委员，中华中医药学会肿瘤分会常务理事，农工党北京市第十二届医药卫生工作委员会副主任委员，北京国际医药促进会常务理事、副秘书长，福州市政协教科文卫体委员会委员，北京伟达中医肿瘤医院常务副院长，第二军医大学东方肝胆外科医院特聘医生。

主攻方向：

对肿瘤以及疑难杂病医治造诣颇深，尤其是对肝癌、胆囊癌、胰腺癌、乳腺癌等恶性肿瘤的术后复发转移颇具心得，主张发挥中西医优势互补和应用"伟达慈丹"治疗肿瘤。

学术著作：

先后参与整理《八名方临床应用》《郑伟达医文集》《郑伟达医论集》《肿瘤的中医药治疗》《郑伟达中医治疗学》等多部著作。

郑东海博士

出诊时间和地点：周二上午、周三下午于北京伟达中医肿瘤医院慈丹堂。

荣获2016年度"首都劳动奖章"，中国农工民主党党员，毕业于北京中医药大学，系中国医促会中医肿瘤防治专业委员会副主任兼秘书长、中华中医学会肿瘤分会委员兼副秘书长、中华中医药学会科普分会常务委员会委员、福建省中医药研究促进会常务理事、北京伟达中医肿瘤医院科研副院长、福州伟达中医肿瘤医院院长，师从肝胆外科医生吴孟超院士、名老中医吉良晨。

主攻方向：

擅长肝胆胰术后中医恢复治疗，在肝硬化、肝腹水、乙肝、丙肝、胰腺炎、胆囊炎、胆结石、胰腺癌、肝癌、胆囊癌等疾病治疗方面有独特的见解。

图3-5　郑东海博士

学术著作：

郑东海主治医师先后参与整理和编写《八名方临床应用》《疑难杂病中医治验》《肿瘤的中医防治》《前列腺疾病的中西医结合治疗》等八本著作，著有《郑伟达中医肿瘤治疗学》一书。

三、劳模团队　服务为先　疗效为本

"伟达慈丹'四位一体'抗癌康复疗法"肿瘤科获"北京

市工人先锋号"。

图3-6 北京伟达中医医院部分医护工作者

2018年4月27日下午,为大力弘扬劳模精神,彰显劳动者伟大品格,激发广大职工饱满工作热忱,北京市朝阳区总工会积极响应全国总工会要求在朝阳宾馆召开获得全国五一劳动奖状、奖章和全国工人先锋号及首都劳动奖状、奖章和北京市工人先锋号的先进集体和个人庆祝"五一"劳动节大会。北京伟达中医肿瘤医院"伟达慈丹'四位一体'抗癌康复疗法"肿瘤科首次获评"北京市工人先锋号"荣誉称号。郑伟达教授作为朝阳区非公医疗唯一获奖集体代表出席大会并领奖。

北京伟达中医肿瘤医院"伟达慈丹'四位一体'抗癌康复疗法"肿瘤科积极参与社会公益活动,专门成立了主旨为"我参与、我快乐、我健康"的生命之光俱乐部,先后为3万多名癌友进行心理疏导、饮食调剂等;累积捐款修路、抗震救灾、赠药赠物达2000余万元人民币,常年为王四营地区党员、军人、60岁以上老人等进行免费健康体检,经常深入周边社区为居民义诊科普宣教讲座千余场。截至2017年12月31日,肿瘤科共诊治癌症病人达22万人次,5年生存患者达8400

人，10 年生存患者超过 2400 人。致力于发挥中西医优势互补治疗肿瘤的北京伟达中医肿瘤医院"伟达慈丹'四位一体'抗癌康复疗法"一直在路上！

四、医者郑伟鸿劳动奖章——劳模双连贯

在威胁人类健康的疾病中，肿瘤已经成为"第一杀手"，我国每年因肿瘤死亡的人数高达百万有余，如果换成一个小单位时间来解读，就是每 25 秒钟就有一人被它夺去生命。肿瘤真的不可控？肿瘤病人真的不能实现带瘤生存吗？这个课题一直是中外医学家全心研究攻克的对象，北京伟达中医肿瘤医院常务副院长郑伟鸿就是这众多医者中刻苦、勤勉、执着的一位。郑伟鸿二十载如一日，精心医治患者，对病人高度负责，让病人品评出"心正药自珍"的境界与滋味。

（一）当健康信使 做首都模范

郑伟鸿自幼承继祖传，秉受师训、兄长郑伟达教授一路提携，在中医世家耳濡目染中长大，在她的内心深处烙印下济世活人的人生宗旨。跟随兄长郑伟达教授在二十余年医疗实践中注重整体治疗，讲究辨证论治，擅长肿瘤的中医防治，先后参与兄长郑伟达教授出版《肿瘤的中医防治》《郑伟达中医治疗学》《郑伟达医文集》《郑伟达医论集》《四位一体疗法治疗肿瘤》等 29 本著作。郑伟鸿在繁忙诊疗工作之余多次参加全国肿瘤学术及相关会议，发表论文 10 多篇，2008 年被中华中医药学会授予"健康信使"荣誉称号。2014 年 4 月 29 日，郑伟鸿作为首都非公医疗代表被授予"首都劳动奖章"。

（二）中西医优势互补 治疗肿瘤有办法

在肿瘤治疗首选西医的今天，人们发现西医疗法并不能完全消灭肿瘤，甚至会因缺乏有效的后续巩固治疗手段而最终失败，有些消灭肿瘤的方法还会促进残余肿瘤细胞转移且缺少对

策。例如肝肿瘤，虽然通过早诊治早治疗已经成倍提高了肝肿瘤切除的疗效，但60年来肝肿瘤患者的生存率却没有明显提高，根本原因就是术后转移复发。在这方面，中医恰恰优势明显，抗击肿瘤中西医完全可以优势互补。为此，郑伟鸿追随兄长著名中医肿瘤专家郑伟达教授，并拜师"中国肝胆外科之父"——中科院院士吴孟超教授为师，潜心学习钻研后发现通过中医。中医整体治疗后，实现病人带瘤生存，减毒增效，提高机体免疫力，防止复发转移，延长生命线，减轻痛苦。

郑伟鸿认为：中医重视病人整体，以增强抗肿瘤能力，改造残留肿瘤细胞，使之在"改邪归正，带瘤生存"方面有很大的优势，因此，中西医优势互补可以"消灭"与"改造"并举。郑伟鸿提出在肿瘤治疗要抛弃以往只见肿瘤不见人的以"瘤"为中心的治疗原则，而应以"人"为本，科学抗肿瘤，临床上应以"疗"为主，兼以"治"之。明确治疗的目的是提高生存质量，延长患者的生命，而不能仅仅把肿瘤切除、消灭了事。只要把瘤体控制住，不危害人的生存质量，人瘤共存更具明智之举。发挥中西医各自优势并形成互补，辨证论治。郑伟鸿在肿瘤的治疗中始终坚持兄长郑伟达独创"四位一体抗肿瘤康复疗法"，科学地将药疗、心疗、食疗、体疗有机结合起来，建立了系统、全面、整体的康复体系。据北京伟达中医肿瘤医院治疗8700余例肝肿瘤患者统计分析：5年以上生存率（临床治愈率）提高到65%，中晚期肝肿瘤患者在减轻痛苦、改善症状、提高生存质量有效率达90%以上，带瘤生存有效率达70%以上，为众多肿瘤患者重燃生命之光！

五、郑东海博士荣获"首都劳动奖章"

2016年4月29日，北京伟达中医肿瘤医院科研副院长郑东海博士荣获2016年"首都劳动奖章"。作为北京市朝阳区非公医疗唯一代表走进人民大会堂出席系列表彰纪念活动，得到了党和国家领导人亲切接见和朝阳区吴桂英书记等的热情慰问。

郑东海同志1977年9月22出生于福建闽清"八闽岳祖"白岩山下，1998年9月加入中国农工民主党。作为吴孟超院士学生、首届国医大师路志正教授弟子、著名中医药肿瘤专家郑伟达教授学术继承人、北京伟达中医肿瘤医院科研副院长、福建省中医药研究促进会副会长、福州市政协第十二届委员、农工党福建省委会委员，从小在家父郑伟达教授"发扬国粹、立志求医、走中医之路、继承父业、学岐黄、读四大经典""好学为人，与人为善"的教导下，6岁开始学习中医，12岁开始随父临证抄方，协助郑伟达教授原研国家准字号慈丹胶囊、健食字号参灵胶囊等16个品种规格抗肿瘤中成药。提倡中西医优势互补序贯治疗肿瘤，对中医药治疗肿瘤术后复发与转移颇具心得，先后参与整理和编写《八名方临床应用》《四位一体治疗肿瘤》《原发性肝癌中西医结合治疗学》等30多部医学著作，发表SCI国内外论文20余篇。15年以来，他潜心科研之余始终坚持医院每周门诊，为数以万计的病人解除病痛并获得了一致好评。

特别是郑东海同志担任北京伟达中医肿瘤医院科研负责人以来，倡导"慈爱众生，丹心济世"之理念，先后具体负责国家自然科学基金、国家"十一五""十二五"及省市级多项课题研究。2001年作为"慈丹胶囊"重大贡献者荣获福州市科学技术进步二等奖，2006年"慈丹胶囊治疗原发性肝癌的应用研究"荣获中华中医药学会科学技术三等奖，2008年"伟达慈丹四位一体抗癌康复疗法"的临床研究荣获中华中医药学会科学技术二等奖，2009年"甘芫逐水胶囊治疗癌性胸腹水的应用研究"荣获中华中医药学会科学技术三等奖，2009年《八名方临床应用》荣获新中国成立60周年全国中医药科普著作三等奖，2010年荣获中华中医药学会全国中医药科学普及金话筒奖，2013年荣获福建省科学技术进步三等奖。2013年至今，他协助吴孟超院士、郑伟达教授完成肝癌术后抗复发的国家"十二五"重大专项课题研究（课题编号：2013ZX09104006）。该课题由全国18家三甲医院对2000例病人进行大样本、多中心、随机、前瞻性的循证医学研究，再次证实慈丹胶囊可显著提高无瘤生存率和生存质量，并产生显著生存获益，为临床合理使用该药品提供了高级别循证依据，促进国产品牌药物的培育，完善形成适合我国国情的原发性肝癌中西医结合综合治疗方案做出了贡献。他一直热心积极参加社会各项公益事业，被中国农工民主党福建省委员会授予"抗震救灾优秀党员"的荣誉称号。

六、"四位一体疗法"食疗推荐方

参苓粥

【原料】人参10克　白茯苓（去黑皮）10克　粳米100克　生姜10克　食盐5克

【做法】

（1）将人参、白茯苓、生姜水煮（加入水的量要没过药材一横指的水位），水开再煮20分钟，去渣取汁。

（2）将粳米下入药汁内煮烂成粥，临熟时加入食盐5克，搅匀。

【用法】空腹食用。

【功效主法】

益气补虚，健脾养胃，用于胃癌患者反胃呕吐、大便稀薄者。

百合薏仁莲子汤

【原料】百合30克　薏苡仁10克　莲子10克　冰糖或蜂蜜适量

【加工方法】

(1) 将薏苡仁、莲子用清水洗净,先用高压锅加水煮至气压阀喷气为止。

(2) 高压锅凉后开盖,加入百合,不用加压,文火煮10至20分钟即可。

【用法】以上为一次或一天量,用时略加冰糖或蜂蜜。

【功效主治】健脾益气,养心滋阴,用于胃癌脾虚咳喘症。

茯苓菜豆粥

【原料】菜豆30克　薏苡仁10克　茯苓15克　粳米50克

【做法】

(1) 将菜豆洗净,温水发胀,茯苓研成粉末;

(2) 锅中加水0.5L,放入粳米、菜豆、薏苡仁共煮成粥,待粥将熟时调入茯苓粉煮沸即成。菜豆,即四季豆,含植物血细胞凝集素,能激发免疫功能抗癌(注意:鲜菜豆有毒,一定要煮熟烂)。

【功效】

健脾抗癌,适用于肝癌手术后患者。

山楂茯苓炒肉丁

【原料】山楂100克　茯苓50克　黄瓜100克　瘦猪肉100克　葱、料酒、姜、糖、盐、食油、淀粉各5克

【做法】山楂去核切成丁,黄瓜、瘦猪肉均切成丁。将茯苓加水煎汁两次,去渣存汁。将猪肉丁中加料酒、盐浸泡,加入淀粉,混匀。将油锅烧热,放入猪肉丁,略炒片刻,加入黄瓜、山楂、葱、姜同炒,倒入茯苓药汁,加入各种调料,待汁收干,即可食用。

【用法】随意食用。

【功效主治】健脾和胃,理气,消食散瘀,适于肝癌术后患者食用。

七、附:伟达院训

慈爱丹心,术伟福达

以人为本树精神,扶正祛邪四位珍,
对症处方重疗效,贴心服务胜亲人,
勤求古训临床验,博采名方学术真,
伟达慈丹医痼疾,参灵保健可强身。

(董文杰　整理)

地址:北京市朝阳区化工路官庄路 100 号

"北京伟达中医肿瘤医院"微信

汉典中医医院

一、创办理念及背景

汉典中医医院是汉典科技集团有限公司（简称汉典集团）投资医疗领域的第一家中医医疗机构，是汉典集团实现挖掘和传承中医文化传统思想的重要践行。汉典集团位于北京市朝阳区昆泰国际大厦，为产、学、研高科技企业，旗下有北京红太阳药业有限公司、北京汉典制药有限公司、武夷山凤凰茶业有限公司、汉典国际医疗投资有限公司、汉典中医医院有限公司、汉典中西药研发中心等企业。

汉典集团以"科学发展，创造经典"为理念，以服务社会、奉献健康为使命，致力于预防和治疗疾病的科学研究、产品开发，在西药、生物、中医、中成药、茶产业等领域不断提供高技术产品，是体现价值经济的品牌企业。

汉典中医医院秉承东汉伟大医学家张仲景的医学思想体系，恪守"辨证施治"的中医传统诊疗观念，以还原中医本位——治病救人为宗旨，以防治未病为基本诊疗理念，对患者严谨务实的责任感和回报社会的不懈追求，致力于打造一家集中医医疗、中医养生、健康管理、名医施教与经方传承为一体的全方位高品质中医医院。汉典中医医院自 2013 年开始选址、筹备，于 2015 年开业，至今已经接待患者 20000 余人。

图4-1　汉典集团总部——昆泰国际大厦

二、坐落地点及规模

汉典中医医院位于北京市朝阳区石佛营东里133号院4号楼，距离东四环仅1公里，距离北京首都机场20公里，交通便利。注册资金5000万，建筑面积3175平方米，员工总人数80余人。

图4-2　汉典中医医院

三、业务特色

汉典中医医院始终秉承"大医精诚"的服务理念,积极引进各派名家和多种传统治疗方法,会聚名老中医,组建名医工作室,以妇科、儿科、综合内科、心脑血管病、肿瘤、中医外治为专科特色,逐步建立名老中医疑难杂症会诊制度,让专家们从各自的中医学术专长出发,创造性地继承、总结、发扬传统中医药治疗疑难杂症的特殊功效,为患者解除病痛,更好地提升中医临床疗效。

图4-3 汉典中医医院环境

(一)汇国医大师领衔百大名医

汉典中医医院秉承传统医学之经典,以传承和弘扬中医药学为己任,特聘中国科学院院士陈可冀为名誉院长。以国医大师刘敏如、许润三为首席专家,会聚房定亚、冯世纶、李维贤、张代钊、于天源等一大批名老中医和各科学术权威坐诊,云集学有所成的中青年专家,提供专业的高品质服务。

图4-4 国医大师 名老中医团队

(二) 国药泰斗把关药材质量

"名医"开"良方",需有地道"好药",方可取得好的疗效。为确保药材质量,特聘请中医界"国药泰斗"金世元大师亲自坐镇,从货源、进货、检验、出入库、存储条件、流程等环节,严格筛查,甄选精品,提供高质、安全、天然的品牌药品,真正体现"好药"出"卓效"。

坚守"道地药材"的品质

汉典中医医院始终坚守着放心医、良心药的宗旨,坚持道地药材,质量第一,建立严格甚至苛刻的药材质量标准控制体系,从源头把控中药饮片质量。

(三) 名老中医工作室

汉典中医医院以国医大师、名老中医为核心专家团队,建立名老中医工作室,形成汉典中医医院在妇科、儿科、综合内科、心脑血管疾病、肿瘤等病症的诊疗系统,以精益医技救人,以高尚医德惠人,以高节医风传人,以解除患者疾病为己任,服务于社会。

(四) 中医文化师承教育体系

汉典中医医院强调中医的"传承教育",提倡"重拾师道,寻能教之师,带可教之徒",为此,汉典中医医院为资深的名老中医和专家建立师承工作室,配备学生,通过老中医的"传、帮、带",将其宝贵经验有效地传承下来,培养出一批具备高素质实践技能的传统医学的继承人、后备军。

既往已成功举办了 15 期冯世纶经方医学传承班,学员来自加拿大、法国、台湾、香港以及黑龙江、长春、内蒙古、山东、重庆、河南等多个国家、省市和地区,反响很大。

图 4-5　冯世纶经方医学传承班

四、服务理念　经营模式

（一）坚持特色专科

汉典中医医院旨在还原中医本质、回归中医诊疗本位——治病救人，建设妇科、儿科、综合内科、肿瘤科等特色科室，聘请各领域经验丰富的名老中医，确保汉典的专科诊疗特色，针对疑难问题，汉典中医还会开展专家组会诊，提供合理独特的诊疗方案。

（二）高品质的诊疗服务体系

汉典中医坚持"名医坐诊、限时限号、重质轻量、跟踪服务"，建立了高品质的诊疗服务体系。汉典中医请到的都是国内优秀的中医知名专家，实施约号、限号问诊——半天最多看十个患者，最大限度地保证患者的就诊质量和跟踪回访服务质量。

（三）拒绝开大处方

汉典中医拒绝以药养医的经营模式，取消医生在药品中的提成,避免走民营医院开"大药方"、不注重品牌、不计后果的恶性市场竞争模式。

汉典中医建立了独到的价格服务体系,在新价格体系建立和应用方面,努力实现医院、医生、患者三方满意、三方共赢的可持续发展模式。

(四) 提供全方位养生解决方案

开展太极养生和药膳等服务项目,从运动养生、日常食疗保健等方面全方位提供健康支持解决方案。

(五) 积极开展社会活动和公益活动

截至目前汉典中医已为周边社区居民举办了100多期养生健康讲座、百余场汉典中医进社区及汉典中医进企业的活动。

图4-6 汉典中医举办讲座活动

(六) 未病理论的养生理念

汉典中医重视"治未病"理论,提倡预防为主的养生理念,通过各种公益活动、养生药膳和太极道场等项目的开展和实施,倡导大家通过合理的调理和运动,顺应自然,进而达到阴阳平衡,增强体质、预防疾病、延年益寿的目的。

五、发展目标

在市场经济大背景下还中医药本来面目,是汉典集团发展企业回报社会的不懈追求,力争在 3~5 年的时间内将汉典中医医院建设成为祖国医学领域中深得患者信任的专科品牌机构,并以此为起点不断扩大医疗领域投资规模,增加优质医疗资源供给,为缓解"看病难、看病贵"的社会问题贡献力量。

六、专家团队

刘敏如　国医大师　主任医师　教授

著名中医妇科专家,1933 年生,四川省成都市人,1962 年毕业于成都中医学院。首届四川省名中医,享受国务院政府特殊津贴专家,四川省学术和技术带头人,四川省重点建设学科中医妇科学术带头人,现为中华中医药学会终生理事、中华中医药学会妇科专委会主任委员、北京中医药大学客座教授、香港大学中医药顾问。

擅长妇科疑难疾病的治疗,注重补肾与调理气血,注重调治与预防并重。擅长治疗功血、闭经、不孕症、子宫肌瘤、子宫内膜异位症等妇科疾病,对中医疑难杂症、老年病等的治疗亦具有独到之处。

许润三　国医大师　主任医师

著名中医妇科专家,师从江苏名医崔省三,从医 60 余年,曾任北京中医药大学附属东直门医院妇科主任、妇科教研室主任,中日友好医院中医妇科主任、终身教授。被人事部、卫生部、国家中医药管理局列为第三批师带徒老中医,著有《中医妇产科学》等专著 6 部,发表论文 60 余篇,其中多篇在国内外获奖,当选为"全国 500 百名老中医药专家"之一。主持"四逆散加味治疗输卵管阻塞"的临床和实验研究,1987

年荣获局级科研成果奖。

擅长治疗不孕症、输卵管阻塞、子宫内膜异位症、盆腔炎、子宫肌瘤、功能性子宫出血、闭经、更年期综合征等。

金世元　国医大师　国药泰斗

汉典中医首席中药专家,从事中药工作70余年,足迹遍布大江南北中药产区,被誉为"活药典",对中药的鉴定、炮制、制剂等方面的研究可谓承前启后。曾发表中药学术论文70余篇,著《中药炮制学》《中药大全》《中药材大辞典》《中成药大辞典》等书,研制"射麻口服液""乌鸡白凤丸口服液"。任国家科技部国家秘密技术中医中药审核专家、国家食品药品监督管理总局国家基本药物评审专家、中华中医药学会终身理事、国家级非物质文化遗产"中药炮制技术"代表性传承人、全国中医药传承博士后导师。

房定亚　主任医师　教授　首都国医名师

曾任中国中医科学院西苑医院院长,东直门医院内科负责人、心血管研究组组长,风湿免疫科学术带头人,全国第二批"全国名老中医药专家学术经验继承"指导老师。1993年由国务院授予"有突出贡献的医学专家"称号,享受国务院特殊津贴。曾荣获中华中医药学会科学技术进步奖、中国中医科学院科学技术奖、五部委产品奖等多项奖励,2012年荣获中国中医科学院"岐黄中医药基金会传承发展奖"。

擅长治疗类风湿、强直性脊柱炎、红斑狼疮、皮肌炎、系统硬化、干燥综合征、痛风、白塞氏病、风湿多肌痛、骨关节炎、冠心病、慢性肾功能衰竭。

冯世纶　主任医师　教授　首都国医名师

胡希恕名家研究室首席指导专家,北京中医药学会仲景学说专业委员会名誉主委,曾先后任职于北京中医药大学附属东直门医院、中日友好医院。系统整理并总结了经方大师胡希恕先生对经方的研究成果，多次受邀到国外讲授经方学术经验，在国内外经方界享有极高声誉。

擅长以经方辨治内、外、妇、儿等各科各科常见病及疑难杂症如热性病、咳喘、胃肠病、肝胆病、小儿咳嗽、月经不调、慢性前列腺炎、不育、顽固性瘙痒性皮肤病等症，药简而效彰。

李维贤　中国中医科学院基础理论研究所研究员

先后完成了《四库全书医家类消渴症治全录注疏》《名医经方验案》等8部专著及数十篇学术论文，总计数百万字。多次应邀通过广东卫视《健康来了》、湖北卫视《饮食养生汇》、云南卫视《养生汇》、贵州卫视《养生》等电视栏目，中国国际广播电台、网络电视《养生一点通》等，向民众介绍中医养生保健知识，这些节目播出后，反响热烈，受到观众的一致好评。擅长治疗妇科疑难杂症、不孕症、产后病、血瘀、经断前后诸症，各种热性病、血瘀症及内科、儿科多种疑难杂症。

张代钊　主任医师　博士生导师

全国首届500名著名中医药专家之一，享受国务院特殊津贴，中央保健会诊专家（肿瘤专业）、中国癌症基金会中医药肿瘤专业委员会主任委员、全国著名中医药专家学术经验继承导师、北京中医药大学教授。擅长常见肿瘤及各种内科疑难杂证，在治疗肺癌、肝癌、肠癌、乳腺癌、鼻咽癌、卵巢癌、脑瘤、恶性淋巴瘤等恶性肿瘤以及减轻癌症病人放、化疗毒副反应等方面积累了丰富的临床经验，疗效显著。

董宜华　主任医师

权威肾病专家（中国四大名医汪逢春弟子再传弟子），博采众长，兼容并著，十三代家传世医，行医40余年，集各大家之经验和专长于一身，方药简而精，临床疗效显著。北京中医药大学第一批特聘专家，研究生。师承全国名医任应秋、刘渡舟、王锦之、董建华、方药中、耿鉴庭教授及中国四大名医汪逢春弟子三代御医之后赵绍琴教授,施今墨弟子祝谌予教授,尽得师传。擅长女性备孕调理、男女不孕不育、白内障、青光眼,内科、妇科、儿科、皮肤科及各科疑难杂症的治疗。

刘昌艺　主任医师

出身于中医世家,著名内科、儿科专家,全国著名中医儿科专家刘弼臣之子。国家级医学教育项目专家,世界医药研究中心研究员,从事中医临床工作30余年,师承其父及著名中医妇科专家王子瑜等大家。在国内外医学报刊上发表数十篇论文,被录入《世界名人录》《世界优秀专家人才名典》《中国世纪专家》等多部书籍。擅长治疗儿科各种疑难病:小儿遗尿、高热、哮喘、肾炎、抽动秽语综合征、心肌炎、重症肌无力等。

武守恭　主任医师

北京中医医院儿科专家,毕业于首都医科大学儿科系,从事儿科医疗工作30余年,积累了丰富的临床实践经验,曾拜一代名医袁术章为师,获得了袁老治疗神经系统和诸多儿科杂症的治疗经验。曾获得卫生部级科研奖、北京市科委科研奖等多个奖项,发表专业论文10多篇,1991年12月被北京中医管理局授予《北京市优秀中青年中医师》称号。擅长治疗小儿反复呼吸道感染、咳嗽、哮喘、厌食、免疫系统疾病。

刘凤存　主任医师　教授

从医40余年,曾任二甲医院副院长、三甲医院科主任,河北医科大学教授,中国中医心身疾病医学会河北省分会理事。多次在国际与全国专业会议上交流论文,于国家级医学杂志上发表论文多篇,著有医学著作数部,取得过市级科研成果一项。擅长采用针灸和中药综合治疗内科、外科、妇科、儿科、皮肤科多种疾病,如失眠、抑郁、月经不调、不孕不育症、产后缺乳、子宫肌瘤、盆腔炎、乳腺炎、卵巢囊肿及内分泌失调等，亦擅长老年病和糖尿病的治疗。

刘景惠　主治医师

原北京儿童医院著名中医特级专家刘韵远教授之子，深得其父真传，20世纪90年代初在北京儿童医院随父刘韵远教授出门诊、查病房，学习实践中医儿科疾病诊治，总结各种常见病、危重病数百例，著有论文及书籍。行医30余年，15余年专家门诊经验。注重临床实效，深得广大患者信赖，师从中医研究院广安门医院名老中医脾胃妇科专家董德懋、杂病专家路志正教授，出专家门诊；擅长治疗小儿脾胃不和、厌食、面黄肌瘦、腹痛泄泻、发热、遗尿及小儿呼吸道疾病等，月经不调、痛经、宫颈炎、附件炎、不孕症、乳腺增生等妇科疾病及其他各科疑难杂症。

赵铁良　副主任医师

北京朝阳医院中医呼吸科专家，第一批国家级名老中医方和谦教授学术经验继承人，毕业于首都医科大学医疗系。从医40余年，积累了丰富的临床治疗经验，任北京中医药学会呼吸疾病专业委员会委员。曾参著出版多部中医著作及方和谦教授临床经验集的编写，与他人共同完成科研课题《扶正固本治疗肺心病急性发作期气阴两虚型免疫功能改善的临床研究》，获得北京中医管理局科技成果二等奖。擅长支气管哮喘、慢性阻塞性肺病、急慢性支气管炎、肺气肿、肺心病等呼吸道疾病的诊断和治疗。

陈思兰　主任医师

中国中医科学院广安门医院内分泌科专家。毕业于广州中医药大学中医系，从事内分泌疾病的研究工作30余年，师从中国中医科学院内分泌首席研究员、首都名师、博士后导师林兰教授，国家中医药管理局全国第四批名老中医药学术经验继承人。在各类学术杂志上发表论文 10 余篇，曾获得中华中医药学会科学技术二等奖等多个奖项。擅长中西医结合治疗内分泌疾病如糖尿病及其并发症（脑血管病、心脏病、肾脏病、周围血管病、神经病变、视网膜病变、皮肤病变，糖尿病酮症酸中毒）、甲状腺疾病等。

赵峪　主任医师

中国中医研究院广安门医院专家，从事中医、中西医结合眼病临床及科研工作 30 余年，1987 年师承于我国著名中医眼科专家韦玉英导师。曾任北京中医药学会眼科专业委员会委员，《中华现代眼科学杂志》专家编辑委员会常务编委，主编的《韦玉英眼科经验集》获中华医学会中医药学会科技进步三等奖。参与编写论著 8 部，发表学术论文 20 余篇，主持、参与科研课题 12 项。擅长中药、针刺疗法治疗视神经萎缩、视网膜色素变性、黄斑变性、糖尿病性视网膜病变、视网膜经脉阻塞、干眼症、葡萄膜炎、青光眼、玻璃体混浊、白内障、儿童近视、弱视等疑难眼病。

唐先平　主任医师

中国中医科学院望京医院中医专家，全国老中医药专家学术经验继承人，医学博士，硕士研究生导师，从事风湿病临床及科研工作 30 余年，承担国家中医药管理局、中国中医科学院等多项科研课题，发表了《〈内经〉壮火少火理论在成人斯蒂尔病诊疗中的应用》《从伏邪论治成人斯蒂尔病心得》《化痰祛瘀法治疗类风湿性关节炎的临床研究》等数篇学术论文，主持编写了《风湿病临床常用中药应用指南》等多部学术著作。擅长中西医结合治疗类风湿关节炎、强直性脊柱炎、痛风、干燥综合征、硬皮病、皮肌炎、成人斯蒂尔病、白塞氏病、骨性关节炎等风湿免疫类疾病。

齐贺斌　主任医师

北京协和医院专家,从事中医临床工作40余年,积累了丰富的临床经验。

擅长治疗慢性胃炎、溃疡病、腹泻、慢性肝病、胆囊炎、胆石症等。

于天源　主任医师

师承全国名老中医臧福科教授、古世哲教授,原北京中医药大学针灸推拿学院副院长,国家中医药管理局局级重点学科负责人,中国中医药学推拿分会第四、第五委员会常务委员兼副秘书长,北京市推拿按摩专业委员会常务委员,国家自然基金委和教育部项目评审专家。先后主持完成了多项国家中医药管理局、北京市教委、教育部和北京中医药大学的课题研究,擅长采用正骨、推拿、针灸主治颈椎病、落枕、颈肩背肌劳损、腰椎间盘突出症、急慢性腰部软组织损伤、坐骨神经痛、颈腰椎骨质增生、肩周炎、网球肘、膝关节骨质增生、髌骨软化、踝关节软组织损伤、亚健康综合征等。

谢新才　主任医师

北京中医医院专家,毕业于江西中医药大学,爱好治疗各种疑难杂症,通过理论与实践相结合,形成了"博采众长,崇尚天士"的学术特点;后考入首都医科大学中医药学院针灸专业,师从于著名针灸学家贺普仁教授,使自己在针灸方面的临床才能迅速提高,形成了"采撷百家,独尊贺老"的治疗风格。治病轻灵活泼,似感针药之有神,治病以调治为主,可针可药,或针药并举,每可获得良效。擅长治疗颈椎病、腰椎病、湿疹、牛皮癣、脱发、过敏性皮炎、过敏性鼻炎等常见疾病,糖尿病、类风湿关节炎、痛风、强直性脊柱炎、癫痫、重症肌无力、肿瘤等疑难病。

乔占兵　副主任医师

北京中医药大学东方医院肿瘤科专家，毕业于北京中医学院，之后进修及工作于北京市中医医院、北京中医药大学东直门医院、中国医学科学院肿瘤医院。师从首都国医名师王沛教授30年，长期从事恶性肿瘤的综合治疗，积累了丰富经验。为中国针灸学会会员，中国抗癌协会临床肿瘤协作中心会员，中国中医药学会第四届肿瘤专业委员会委员。发表论文26篇，主编校医书4部，参编10余部，承担并参与科研课题10项。擅长治疗呼吸系统、消化系统、泌尿生殖系统、淋巴系统和妇科肿瘤，亦擅长辨证治疗术后胃肠功能紊乱、肢体水肿及肿瘤并发症，在调理术后体虚、防治肿瘤复发转移的方面，具有丰富的临床经验。

蔡光蓉　副主任医师

中华医学会肿瘤专业委员会、中国中西医结合学会、北京抗癌协会、中国音乐治疗协会会员，中央电视台《中华医药》《健康之路》及北京广播电台《你听我说》等健康保健栏目作为特邀嘉宾。荣获卫生部中日友好医院科技进步一等奖、三等奖等多个奖项，在国内、外医专业杂志发表论文40余篇，主编及参编医学专著16部。擅长治疗呼吸系统、消化系统、泌尿生殖系统、淋巴系统和妇科肿瘤，亦擅长辨证治疗术后胃肠功能紊乱、肢体水肿及肿瘤并发症，在调理术后体虚、防治肿瘤复发转移的方面，具有丰富临床经验。

刘晓华　主治医师

先后毕业于湖南中医药大学医疗系、中国人民大学哲学系，国家留学基金委公派留美访问学者，后通过美国全国针灸与东方医学认证委员会考试并取得美国得克萨斯州针灸师执照，国内外临床经验20余年，公开发表学术论文30余篇并出版多部译著、编著和专著。擅长中药及针灸治疗内科、妇科常见病及疑难病症，集针、药于一身，或针或药，或针药并用，对肿瘤放、化疗后的中医支持治疗也有独特的研究，并有自创的治疗方法，疗效显著，亦擅于针灸调理亚健康状态。

沈祥龙　主治医师

毕业于北京中医药大学，精通脊柱医学、中医学、针灸、推拿和正骨术。曾拜北京双桥正骨高徒冯琪为师，系统学习双桥独特的正骨技术并成为双桥正骨再传弟子。2010年至2011年，在德国巴登斯坦福斯坦温泉中心中医治疗中心任职中医理疗师。擅长中医经络点穴、针灸和正骨手法治疗脊椎病及脊椎相关疾病，脏腑推拿及足反射疗法治疗调理杂病，对各种急、慢性软组织损伤，脊椎相关疾病及内、妇科慢病调理、亚健康调治、性功能低下、糖尿病、高血压等调理有丰富经验。

王铁伟　主治医师

毕业于黑龙江中医药大学，北京中医疑难病研究会专家技术委员会委员。传承于中医世家，承祖业得医理医道继任，采用其家传方辨证治疗特色——内治法治疗中医外科疾病，运用其传承潜心研究之"王氏通脉系列汤方"+"干燥疗法"，使家传中医治疗脉管炎特色疗法广泛应用于患者，使脉管炎患者康复得以保留肢体免除截肢之苦。周围血管病专科（脉管炎专科）采用传统中医中药辨证治疗：血栓闭塞脉管炎、动脉硬化闭塞症、糖尿病足、雷诺氏病、深静脉血栓（深静脉血栓综合征）、静脉瓣膜功能不全（静脉曲张并发症）、浅表静脉炎、血管炎、末梢神经炎、四肢血管及心脑血管疾病的治疗。

陶有强　主治医师

毕业于北京中医药大学，医学硕士，仲景学说专业委员会委员，北京师承工作专业委员会委员。师从经方大家冯世纶，从事中医的临床、科研、教学工作多年，主编《冯世纶经方临床带教实录》,参编著作9部,发表论文10余篇。擅长治疗感冒发热、咳喘、急慢性(过敏性)鼻炎、咽炎、口腔溃疡、慢性胃肠炎、胃溃疡、月经不调、更年期综合征、荨麻疹、痤疮、慢性疲劳综合征等。

罗时富　中医医师

毕业于北京中医药大学,中国针灸学会会员,艾熨灸疗法创始人,艾灸行业中国首个PCT有效专利申请者。长期研究砭、药、灸、针、引等传统疗法的数字化、现代化、综合化,参与中医古法新用的多项重大课题,申请过多项专利,发表过多篇学术论文。擅长创新的运用中医古法,治疗各科疑难杂症:带状疱疹及后遗神经痛、湿疹、荨麻疹、红斑、牛皮癣、白癜风、外阴白斑、伤口反复感染、手术伤口愈合后疼痛,癌症的中医治疗与术后调理,鼻炎、咳嗽、哮喘、肺气肿等,胃痛、胃胀、胃溃疡、各种胃肠炎等。

李超　主治医师

毕业于北京中医药大学,曾在东直门医院工作6年,师从首都国医名师、第四批全国老中医药专家武维屏教授,国家中医药管理局第四批老中医药专家学术继承人员张立山教授,临床工作经验丰富。擅长中药治疗呼吸系统疾病和内科常见病,如急慢性咽炎、过敏性鼻炎、慢性咳嗽、慢性喘息性支气管炎、慢性阻塞性肺疾病、支气管哮喘等,腹痛、恶心、便秘、腹泻,月经失调、痛经、急慢性盆腔炎,面部痤疮、眩晕、头痛等多种疾病。

吴思沂　主治医师

中国医药大学(台湾)针灸硕士,北京中医药大学中医学士。曾于望京医院、东直门医院、西苑医院进修,师从两岸多位中医教授,每年接诊的外籍患者多达上百位,手法轻柔,用药平和。擅用温补疗法,中药、针灸配合艾灸、火罐、刮痧、刺络放血、耳穴埋豆等外治疗法治疗常见疾病，如头痛、肩周炎、腰痛、坐骨神经痛、肢体疼痛、面瘫、中风后遗症、失眠、抑郁、疲劳综合征、消化不良、腹泻、便秘、感冒、咳嗽、鼻炎、月经不调、痛经等疾病，擅长产后调养、慢性病调养。

七、特色服务介绍

（一）传统动与静养生康复体系

中医历来重视预防保健和养生康复护理，早在《内经》的《素问·四气调神大论》里就强调"不治已病治未病，不治已乱治未乱"理念，其实已经概括了养生的宗旨。

汉典中医医院，正是遵循了中医古法养生之法则，沿袭古代智慧，从养生重在养心，保养精、气、神的角度，从动和静两个方面，设立运动养生、传统功法等各类养身方法。

传统养生体系设有太极、五禽戏等传统运动养生课程，根据时令开设茶道、插花等传统文化课程，通过怡养心神，调摄情志、调剂生活，达到保养身体、减少疾病、增进健康、延年益寿的目的。

（二）汉典中医医院传统疗法治疗中心

中医推拿正骨

中医推拿，为一种非药物的自然疗法，通常是指中医推拿师运用自己的双手作用于病患的体表、受伤的部位、不适的所在、特定的腧穴，具体运用推、拿、按、摩、揉、捏、点、拍等形式多样的手法和力道，以期达到疏通经络、推行气血、扶伤止痛、祛邪扶正、调和阴阳、延长寿命的疗效。中医推拿正骨是指通过拔伸、复位、对正、推拿按摩等手法治疗骨折、关节脱臼、颈肩腰腿疼痛以及软组织损伤等疾病的一种治疗方法。

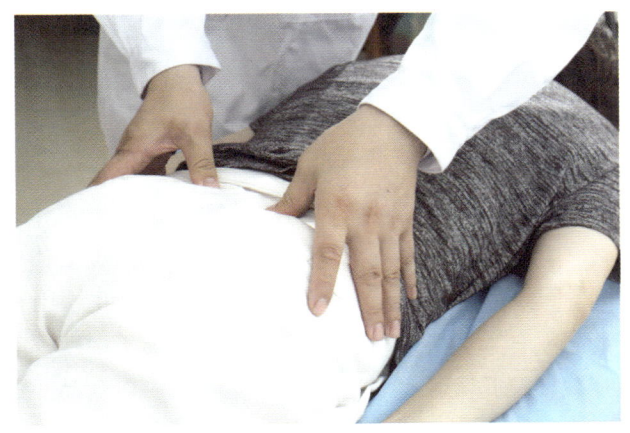

图 4-7 中医推拿正骨

传统艾灸

由专业医师根据个体状态进行辨证施灸,遵循经络循行原理,通过精准穴位,采用悬灸、隔物灸和温灸器灸、药饼灸等不同方法作用于人体,增加人体免疫能力,达到温养经络、祛湿散寒、补充气血的功效,特别适用于颈肩腰腿疼和各种寒症,有效提高体质和抗病能力。

循经拔罐

通过留、走、闪、药等拔罐方式,将身体里的湿气、寒气,通过皮肤组织渗透出来,排出体外。同时通过外接的吸力,刺激身体表面的穴位,进而通过筋骨经络,使得人体内部器官得到相应的调理,让人气血畅通,强身健体,特别适用于寒湿、风湿痹痛、腹痛、头痛、高血压、感冒、咳嗽、消化不良、颈腰部劳损、软组织损伤、月经不调、软组织损伤等。

小儿推拿

运用特殊的手法技巧作用于小儿手和身体体表特定的部位和穴位上,疏通经络,调和气血,平衡阴阳,扶助正气,改善机体内部环境及六腑生理功能，治疗各类疾病，促进小儿身体健康，预防小儿亚健康和疾病。

（三）特色药事服务

药食同源产品

"药食同源"是指，许多食物即药物，它们之间并无绝对的分界线。在中医药学的传统之中，以食为药，以食代药，比如西洋参、当归、枸杞、百合、玫瑰花、金银花、山楂、莲子、山药、桃仁、大枣、蜂蜜等等，它们既属于中药，有良好的治病疗效，又是大家经常吃的富有营养的可口食品。汉典中医为了更好地满足市场中医养生食疗需求，开发出易储存的罐装药食同源产品，包装简洁，主要功效为防病、养身、滋补、未病先防，主要产品有枸杞、百合、山楂、莲子等。

图4-8 药食同源罐装产品

膏方定制

冬令膏方，传承千年，膏方以确切的滋补疗效越来越受到人们的青睐。汉典中医医院由资深老专家根据患者需求，了解病史与体质特征，对应节气，经过全面综合分析和斟酌权衡后，开出专用于就诊者的个性化处方，达到因时、因地、因人，专人专方，私人定制。选料道地，并采用传统古方熬制，保证各类膏方的品质最佳。

剂型定制

中医方剂发展至今已经有多种内服、外服剂型，每种剂型都有自己的特点，汉典中医医院可提供水丸、水煎丸、蜜丸、免煎配方颗粒等多种剂型，方便患者服用和携带，免除熬制中药的繁复手续。

中药外治保健产品

自古民间就有佩戴中药香囊以辟除秽恶之气、驱虫防病的习俗。中草药具有芳香辟秽、清脑醒神、净化空气、防病养生的功效，汉典中医医院利用自有道地药材的优势，根据时令和气候因素，开发出由院内名老中医独有配方的提神醒脑香囊、驱蚊香囊、安眠枕、足浴饼等各种特色中药外用产品。

（刘淼淼　整理）

地址：北京市朝阳区石佛营东里 133 号院 4 号楼

（东四环朝阳公园桥向东 1.2 公里，姚家园路南侧）

"汉典名医汇"微信　"汉典中医医院"微信

北京德胜门中医院国医堂

中华医学,博大精深、源远流长,北京德胜门中医院坚持主体发展,保持特色优势,在重大疾病诊疗、养生保健、促进人类健康中不断发挥着巨大作用。

图5-1 德胜门中医院国医堂成立剪彩仪式

医院国医堂位于北京市西城区德外大街,秉承着为患者服务的理念,承载着弘扬中医药学术文化的使命和重任,会集了中医药的名流和前辈,培养了一批中医界的有用之才和有识之士,并使北京德胜门中医院服务广大患者的水平上了一个新的台阶。

一、别具一格的国医堂

北京德胜门中医院是一家综合性中医院,走进医院会让人耳目一新,院内各种挂饰古色古香,候诊区均悬挂着"李时珍"等古代医学大家画像和中医科普知识等,置身其中、会感觉到一种神秘和历史文化的积淀。

图 5-2　国医堂正门照

走进国医堂,宽敞明亮的大厅、别具一格的装饰映入眼帘,带有雕刻花纹的办公用具、宣传中医文化的展板墙,极具神韵,让人肃然起敬!这里是中医名师们展示精湛医术、服务大众的场所,是莘莘弟子领悟老师心法、传承中医学术的课堂,更是求医问药者体会地道中医、治病保健的地方。

国医堂开设了专家诊疗室、针灸室、中医理疗室等,并配套先进的理疗设备。除了硬件设施,国医堂为之骄傲的便是国医堂拥有一直技术精良的中医队伍,他们有享誉中外的国医大师颜正华、金世元、石学敏、吕景山、张大宁、唐祖宣,有名老中医史大卓、周超凡,以及来自北京各大医院的具有丰富诊疗经验的中医专家团队。

二、弘扬中医 创始人风采

李浪辉董事长,男,1968年10月出生,毕业于广西中医药大学,硕士研究生,高级工程师,主任药师,提起他,感觉难以用简单的介绍来概括其神奇的创业史及巨大的贡献。

图 5-3 李浪辉董事长

他是一个优秀发明家,长期致力于中医疑难杂症的医疗临床研究与中药研究开发,研制发明了益智康脑丸、解毒通淋丸、牛至肝康丸等多个国药准字号中成药,荣获国家专利局最高发明奖"优秀专利发明家""广西科学技术发明三等奖""中国专利优秀奖"称号,目前拥有国家医药类发明专利20余项;

他也是一个政治企业家,担任广西政协委员,广西杰出青年企业家,北京广西企业商会常务副会长,广西医药商会常务副会长,北京德胜门中医院董事长,广西强寿药业集团董事长,北京强寿老年病研究院院长等职务;他还是学科带头人,撰写了《性病与新疗法》《脑萎缩的诊断与治疗》《如何防治痛风》《常用中药诗画精粹》《浅析制药企业工业废水处理》《壮医药综合疗法治疗强直性脊柱炎48例疗效观察》《黄瑾明教授治疗带状疱疹后遗神经痛学术思想探讨》《中医药治疗阿

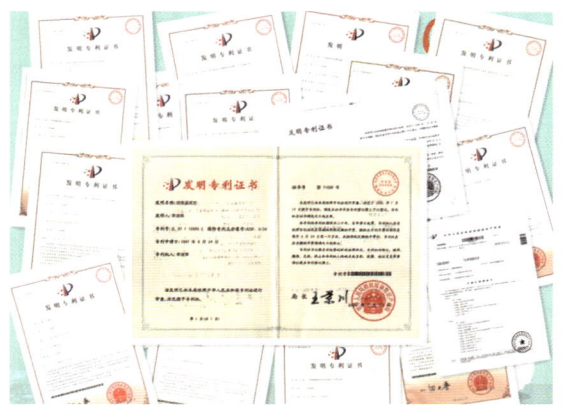

图 5-4　李浪辉董事长所获专利发明证书

尔茨海默病》《黄瑾明诊治不孕症思路探析》等大量专著及论文，曾获"广西卫生医药适宜技术二等奖、梧州科学技术进步二等奖、中国中医药研究促进会科学技术进步三等奖、中华中医药学会科学技术三等奖等奖项"。

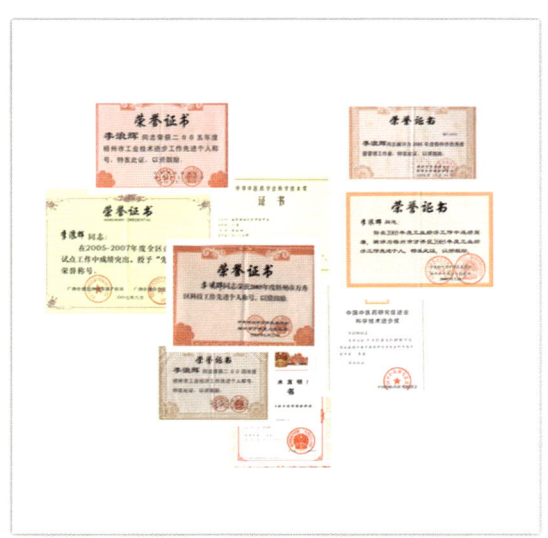

图 5-5　李浪辉董事长所获荣誉证书

总之，在他的身上，可以找到很多的关键词，例如神童、好学、执着、创新、热心慈善等等；多年来他对公益事业也非常热心，荣获过全国"扶贫状元"称号。

三、大师名家汇集　专业诊疗惠及民众

我院国医堂注重专家团队的建设，国医堂坐诊的医生人才济济，他们均拥有很高的知名度并且具有非常丰富的临床诊疗经验，使患者能够及时得到一流的诊断和治疗。

图 5-6　国医堂医务人员

（一）名老专家：周超凡

周超凡教授是中国中医科学院研究员，主任医师，当代著名中医药学家，曾为第七、八、九、十届全国政协委员，第五、六、七、八、九届中华人民共和国药典委员会委员、执行委员、中医专业委员会主任，2005 年度《中华人民共和国药典临床用药须知》（中药卷）副主编，第十届《中华人民共和国药典》特别顾问。1992 年获得国务院特殊津贴，2012 年 12 月 23 日，国家药典委员会授予周超凡教授"中国药典发展卓越成就奖"。

有一位被记忆力下降长期困扰的患者慕名而来,周老认真地给患者问证、诊脉、查舌、观色,一丝不苟。经周老综合辨证论治后用了"六味地黄汤加益智仁、桑螵蛸、火麻仁、远志"并配用国医堂李浪辉董事长发明的国药准字号中成药"益智康脑丸"。

周老每诊一病,均主张病乃脉舌色症,论其病因病基,每处一方,必先立法,法立而方遂出;患者其家属非常感动,讲:"从来没有遇见过像你们医院这么好的医生,这样的精益求精,这样的方便病人。"

实际德胜门中医医院从2016年3月26日国医堂起用后,专家团队一直是这样做的,也正因如此,每每可以看到患者是"满面愁容而来,满怀希望而去"。

(二)名老中医——温吉焕

温吉焕 副主任医师,毕业于陕西中医学院,一直从事临床及教学工作,中医基础理论扎实,熟读中医古典名著,博学多才,特别是对脑神经系统疾病、老年性疾病研究颇深,为全国娱乐养老组委会特聘医学顾问生活方式指导师,是周超凡教授弟子。

温主任临床经验丰富,用药精准。张梅兰,女,77岁,于2017年1月份开始因"记忆力下降"至温老处求诊,温主任了解检查了患者除有记忆障碍之外,还伴有头晕、耳鸣、烦躁易怒,失眠,吃饭喝水时呛咳,不断地唾人、骂人,步态不稳、不能站立行走、大小便失禁等表现。刻下:面色黄,目光呆滞,语音不清,思维紊乱、语无伦次,存有幻听症状,步态不稳,不能自行站立行走;舌质红,苔白腻,脉弦、细数。患者曾就诊西医、被诊断为"小脑萎缩"。温主任辨证后认为其属痰火扰心,24小时不睡觉,舌质干红,属于心火旺盛,温

图 5-7　温吉焕主任为患者诊病

主任给患者用了黄连解毒汤加减：黄芩 9 克，黄连 9 克，山栀 9 克，黄柏 9 克，淡竹叶 9 克，川芎 9 克，远志 9 克。用药一周后患者情绪较前稳定，睡眠较前改善，夜间能睡 2~4 个小时，但仍有小便失禁、大便排解困难。温主任继上方加：枳实 9 克，酸枣仁 20 克，怀牛膝 15 克。服用七副后睡眠进一步改善，能睡 5~6 个小时，但仍有幻觉；改用了八珍汤加减，并于晚上加用一粒牛黄清心丸。应用月余后患者原躁动不安症状明显改善，自己可以走动，上下楼梯，家属非常的满意，一再表示感谢！

（三）国医堂专家——李国彰

李国彰，北京中医药大学教授，博士生导师，主任医师，中医世家，从医 40 余年，是天津名医刘金章弟子；北京中医药大学精品课程负责人，主编全国统编规划教材 6 部，主审全国统编规划教材 3 部，发表中西医结合基础与临床研究论文 50 余篇。曾获"北京市优秀教师""北京中医药大学育人标兵"称号，"北京中医药大学教书育人先进个人"等称号。

每逢李国彰主任出诊时，诊室门口的患者已经排队等候了，不少前来复诊的患者纷纷和李老打招呼。

54岁的王永平女士是前来复诊的患者之一："我已经感觉好多了，这次是来巩固效果的。"王永平女士患有记忆力减退，尤其以近记忆力减退为重，不愿与人沟通、交流，心烦意乱，有时感觉心里发慌，头晕目眩，无法完成一般家务。初诊检查：舌体胖，苔白厚，脉弦滑；院外核磁检查显示：脑萎缩。李主任分析该患者为痰浊阻络，给予以下方剂：人参9克，生白术9克，清半夏9克，石菖蒲15克，胆南星9克，陈皮9克，枳壳12克，川芎15克，益智仁9克，红花9克，水蛭3克，云苓12克，酸枣仁20克，炙甘草6克，以健脾化湿、豁痰开窍。用药后患者情绪较前明显好转，愿意与人沟通了，也能很好地料理家务，只是感觉还是忘事；根据王女士的叙述，李老为其把脉后调整了部分药物，加用了改善记忆比较好的药：西洋参、龟板胶，还加上了通络药物：蜈蚣、蝎子，患者满意而归。

中午12点，候诊室还有几名患者未离去，医助想劝他们回去，下午再看，被李老制止了："不差这几个，上午看完吧，我给你们讲过吧？要想病人之所想，急病人之所急。"直到中午一点多，李老才结束了上午的门诊。

名老专家们以高尚的医德、高超的医术，一专多能，为患者提供了科学、专业、规范的诊疗服务，各种疑难杂症的治疗取得了良好的疗效。

五、层级诊疗——尽享一站式服务

遵照国家医改的文件精神及要求，国医堂的"层级诊疗"操作模式和规定是这样的：国医堂接诊医生遇有疑难病患者，可以直接转诊或约诊国医大师或名老中医，不需要患者重新交纳专家医事服务费，国医大师或名老中医即可为患者提供把脉、问诊等精湛的医疗服务；患有疑难杂症需中医治疗的患者均可通过挂国医堂的号，便可请国家级名老中医咨询诊疗。国医堂专家团队的建设，既培养了医院的业务骨干，又能使名老中医直接为百姓的健康服务。

患者郭丽女士站在国医堂导医台前，向导医咨询，表示自己反复发作性的咳嗽三年，以夜间咳嗽为主，有时彻夜不得入睡，曾在各大医院诊治，疗效均不明显。导医了解情况后，引领郭女士挂了国医堂值班执业医师马巨强医生的号，交了20元医事服务费，在诊疗室外等待了约3分钟，郭女士顺利看上了病。接诊医生翻阅了患者来院前的检查，胸片显示：肺部有结节，治疗曾用药物：复方甲氧那明胶囊，头孢菌素，复方甘草片，孟鲁斯特纳片，甲黄酸左氧氟沙星静点，均不能缓解；马医生了解了郭女士的病情后，感觉自己没有太大的把握，即为其转诊知名专家翟章锁中医主任医师，翟主任细心检查，发现：患者呼吸音粗，舌体胖大有齿痕，苔腻而微黄，脉弦滑。中医诊断：脾胃失调、肺失宣降。治法：辛开苦降。方药：法半夏10g，紫菀30g，前胡10g，苦杏仁10g，枇杷叶30g，青黛10g，乌梅20g，黄芩15g，黄连10g，陈皮10g，款冬花15g，生甘草10g，紫苏子10g，穿山龙30g，地龙15g，僵蚕10g，厚朴10g，麦冬15g，浙贝母20g，白前10g，柴胡15g，生黄芪30g，南沙参15g，干姜10g。

上方服用一周后，患者直接找到了翟主任复诊（医院规定，复诊患者只需交20元医事服务费，不需交主任的知名专家80元的医事服务费），患者主诉咳嗽较前明显减轻，夜间可以入睡，咽痒及咽干症状减轻，刻下：苔白略腻，脉弦滑，继上方去黄连、厚朴，加车前子10g，石韦20g。再服7剂药后咳嗽大减，便继续按原方服用1个多月，诸证均基本缓解，翟主任又给患者开了几味以中药材为主的"健康代茶饮"，同时建议郭女士可做针灸推拿等辅助治疗。

就诊结束后,导医引领郭女士交费、拿药,并去中医理疗室治疗,治疗结束后导医还直接帮她约了复诊号,免去了排队挂号等麻烦。

郭女士表示,自己仅需交纳一次医事服务费,就得到了接诊医生首诊、知名专家复诊,取药、治疗等一站式服务,根本不需要重复的排队挂号、更换科室等,这一切在国医堂半天时间全解决了;她希望全社会有更多这样的国医堂,能像她这样没钱无势的患者能够这样方便地找到名老中医、知名专家看病。

六、国医堂的运行特色

(一) 国医堂人员结构

国医堂拥有技术精良的中医队伍,邀请了一批国医大师及国内知名中医专家来院,坐诊的名老中医均具有丰富的诊疗经验、是老百姓认可和信赖的中医,并且执业医师证均注册在德胜门中医院。

国医堂有主任医师16人,副主任医师23人,主治医师5人,执业医师5人,护士、医助及导医等8人,来自北京各大医院、广安门中医院、西苑医院、北京中医院、北京中医药大学、东直门医院、宣武中医院、鼓楼中医院、中国中医科学院等,他们是李国彰、王忠、陈玉聪、李文霞、江希萍、高普、王玉明、翟章锁、李燕、杨杰、刘海云、王斌、孙伟、李福云、杨进山、王大军中医主任医师,肖云松中西医结合副主任医师,杨炳武、赵曼晓、杨玉桂、韩谨、刘学谦、王国权、乔一凡、陈光献、温吉焕、刘泉鹏、杨魁芬、胡斌清、贾永忠、刘春杰、陈小华、张广蕊、蔡胜秀、孙林、王兆娟、常新庭、

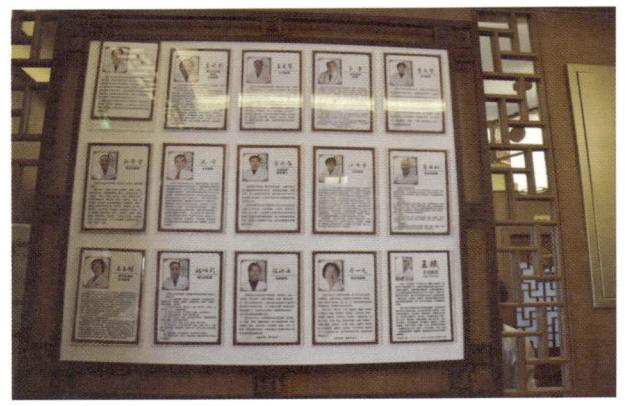

图 5-8　国医堂出诊专家

杨秀娟、倪文杰中医副主任医师等。

（二）开展的诊疗服务

1. 为患者开展临床医疗诊疗服务

以中国传统医学为基础，运用中医特色诊断方法，结合西医高精尖设备，对诊疗常见病、疑难杂症等独具特色；接诊常见病、多发病，疑难病等的治疗，走在了中医药科技与学术的前沿。

2. 开展中医药预防保健服务

（1）为患者开展体质辨识，进行个性化中医药健康指导及中医调养业务。

（2）开展中医"治未病"健康工程。医院要求国医堂专家及医生定期、不定期地到街道、社区，养老机构等，针对不同人群进行授课讲座，宣传科普知识，进行健康咨询、义诊等活动，了解周围群众的健康需求，义务宣传中医药防病治病知识。

（3）配备了一些基础的理疗设备、建有中医特色针灸、刮痧、拔罐，推拿等治疗室，可以提供中医特色服务，居民的医疗、保健、康复都能在这里完成,极大地方便了患者。

七、传承弘扬中医文化

图5-9 文化长廊

(一)设立传承工作室

国医堂通过国医大师及名老中医传承工作室的建设,以及国医堂雄厚的师资力量,对医院的中医药临床骨干进行传帮带,为医院培养具有较高理论水平和实践能力的中医专家;同时能让患者在医院直接咨询国医大师或名老中医,解困疑难杂症,满足广大患者多样化的中医药服务需求。如"北京德胜门中医院国医堂""周超凡传承工作室""全国针灸临床研究中心""大师讲经典医案科普基地"等。

石学敏教授在国医堂设立了"全国针灸临床研究中心",大师定期到院指导临床工作。

周超凡教授在国医堂设立"周超凡传承工作室",并定期来医院举办各种形式的讲座及临床带教,传授他丰富的中医药理论及临床经验,并直接面对面地为患者答疑。

医院临床中医中青年专家得益于国医堂国医大师和名老中

图 5-10 "大师讲经典医案科普基地"启动仪式

图 5-11 德胜门中医院"人才树"工程

医手把手地带教,业务技术水平有了飞速的发展,在他们获益感激的同时,也由此帮助医院留住了人才。

(二)专家带教

如周超凡教授于 2016 年 12 月 29 日举办了"老年痴呆的中医防治"。

2017 年 1 月 10 日中医呼吸科张久军医生讲课:"咳嗽"

诊疗要点及辨证施治，并进行了临床病例点评与指导；认为法半夏、青黛、款冬花具有一定毒性，应慎用或不用，中药饮片处方一定要体现君臣佐使，方剂味数应少，有些药物可以不用；同类药物品种太多如医案方祛痰的6种，一般2~3种即可，如果效果不好单味药可以加大用量；

进行具体临床病例会诊点评及指导：周教授于2017年2—3月份对医院老年病科就诊患者多次给予现场指导，共计会诊患者30多位，周老对会诊病患进行逐一点评，阐述了老年痴呆的中医分型，针对临床病例提出了具体的诊疗措施，并传授自己独特的中医药研究心得、中药方剂上的配伍等。

（三）举办各种有意义的医疗活动

1. 举办了四届全国中医疑难病讨论会。

2. 承办了三届"大师讲经典"学术会，被命名为"大师讲经典、医案科普基地"。

3. 收徒：

为国医大师选配具有较高专业理论水平和实践经验的业务骨干，由具有丰富、独到学术经验的国内顶级大师，以"师承"的方式传承经验，发展学术，培养中医药人才（共有17名业务骨干师承国医大师门下学习），更好地满足广大患者多样化的中医药服务需求。

4. 依托国家中医药管理局、国家中医药科技交流中心开展的"中医特色专科建设"项目，举办了中医临床技术骨干培训班，对中医临床技术骨干进行了对常见病、慢性病的中医培训，提升了中医临床医疗技术水平。

八、开办国医堂的体会

（一）国医堂的建设推动了德胜门中医医院的人才培养，

图 5-12　国医大师传承拜师仪式

德胜门中医医院以国医大师、名老中医为师资，加大了对中医药技术人员的培训；通过国医大师名老中医的传帮带，增加了中医临床骨干和中药实用型人才，成长了一批具有中医药思维、掌握中医药技能、传播中医药文化的优秀人才，拓宽了中医的职业发展路径，使年轻的中医生更好地服务于患者。

（二）通过国医堂的开设及国医堂独特的接诊诊疗方式，一年多来，中医简单、便利、有效的治疗手段，越来越多地受到了广大群众的青睐；到处飘溢着浓浓的中药味，"国医堂"正在成为患者看病就医的首选；"国医堂"和标准化中医科中医门诊量占到门诊总量的85%以上，中医门诊处方数占门诊处方总数的90%。

（三）通过国医大师、名老中医定期来院坐诊，为患者提供了更加科学、专业、规范的中医诊疗服务，各种疑难杂症取得了更好的疗效，通过国医传承、弘扬中华国粹、传承国医精华，惠泽民众健康，促进了北京德胜门医院进一步发展。

（四）德胜门中医医院依托国医大师、名老中医实现了层级诊疗，并加强了专家团队的建设。国医堂突出中医全科服务能力和"一站式"便民措施：国医堂医生接诊患者，可以直接转诊或约诊名老中医（团队内），患者不需要重新缴纳专家医事服务费，名老专家即可为患者提供精湛的医疗服务，直接面对面地为患者答疑；患疑难杂症需中医治疗的患者均可通过国医堂而由国家级大师、名老中医把脉问诊，享受到方便可及的精湛中医药服务。

（五）中医药服务能力、诊疗量实现了大幅度提升，开启了中医"治未病"健康工程，推动了"治未病"服务网络及平台建设，中医药治病的优势越来越显现。

（六）通过开展各种宣传，开展群众喜闻乐见、内容丰富、形式多样的中医药文化科普宣传活动，使中医药文化深入群众生活，中医药科普知识得到了普及。

（七）针灸是我国传统医学的珍贵遗产和重要治疗手段，德胜门中医医院通过国医大师以"师承"的方式传承经验，推动了医院中医针灸医疗事业的长远发展。

九、发展目标

德胜门中医医院将继续加强"国医堂"建设，落实实施更多的便民惠民措施；进一步推广中医药适宜技术，配备中医的诊疗设备，不断丰富提升中医药服务能力和服务手段，将国医堂建成能运用多种中医药方法和手段、提供中医药医疗保健综合服务的特色专区，力争中医药适宜技术推广率达到100%。

进一步推进"治未病"服务网络和平台建设，做好中医养生保健业务，及中医药文化科普等形式多样的中医药文化宣传活动，使中医药文化知识深入到群众生活，使广大人民群众更加乐于接受中医，医院也能够提供更加安全、有效、优质的中医药服务；推进中医药服务百姓健康的行动计划，满足居民的中医药服务需求，居民就近享受到了更加安全、有效、优质的中医药服务。

展望未来,任重道远。中医药服务的根基就是国医堂,构建以国医堂为载体的中医药服务体系,让老百姓享受到优质的中医服务,是国医堂的立身之本。相信在社会各界的共同关注、大力支持下,国医堂一定会走上一条普惠百姓、医患双赢的良性发展道路,让我们共同努力,去实现她的成长与辉煌!

(黎海珍、司淑玉、徐裴、郭桂英、
杨玉艳、李远明　整理)

地址:北京市西城区德外大街200号

"北京德胜门中医院"微信

固生堂

一、弘扬国医国粹　强大资本青睐

固生堂中医连锁管理集团，总部设在广州，是中国首家横跨北上广深等区域，集传统中医医疗、传统中医教学、中医推广等为一体中医连锁机构。

图 6-1　固生堂门店

2010 年于北京成立，始终致力于发扬与传承祖国传统医学，以"好医、好药、好疗效"为核心经营理念，秉承"良心医、放心药"的堂训，以"给传统中医插上互联网和人工智能的翅膀，飞向全球"为使命，实现"让中医成为世界主流医学的一部分"的愿景。

发展至今，固生堂已在全国13个城市开设近40家基层中医馆，一体化医疗用房超过20万平方米。现拥有包括5名国医大师、24名国家级名老中医在内的3200多名专家团队。2017年，门诊量超过500万人次。同时还建立了产地直采、名家验药的药品质量控制体系。目前，固生堂已成为国内最大的中医连锁品牌。

固生堂的创新模式，得到了国内外知名资本集团的青睐。过去4年已完成4轮超过17亿元的融资，成为以国有资本为主要股东、外资和专家合伙人团队共同投资的混合所有制企业。

固生堂创始人

固生堂创始人兼董事长涂志亮，现任第十二届广东省政协委员、中华中医药学会常务理事、广东省中医药学会常务理事、世界中医药联合会国医堂馆社区服务专业委员会副会长、南京中医药大学校董、成都中医药大学校董。

图6-2 固生堂董事长涂志亮

涂志亮为中国原爱康国宾副总，中国健康管理行业开创者之一。首创360°中医健康管理模式并凝练出"国人国养"、"辨证论治"的360°中医健康管理理念。2010年创立固生堂中医连锁管理集团,致力于将创新商业模式引入中国中医药健康产业,助推中国中医药的传承和发展。

2014年携手"广州中医药大学"、"南京中医药大学"、"上海中医药大学"等中医药大学共建学术传承体系,实现新型中医人才培养模式。

2014年起热心社会公益事业,累计捐赠款超过480万元:关注中医学术传承和教育,设置"中医传承栽培奖学金"、践行广东省精准扶贫项目,对接甘孜州、阿坝、梁山、甘肃陇西等,助推当地经济发展。

2016年作为国家中医药管理局受邀的外部专家,为基层中医发展建言献策,提出了基层中医的"连锁化,集团化,规模化,品牌化,国际化"五化建设,并被写入国务院《中医药发展战略规划纲要》中。

2017年在国务院出台的"支持社会资本办医的措施"中提出了"关于支持社会资本办医,向三甲医院通过协议的方式,在品牌,技术,人才,管理上进行合作"的建议并被采纳。

2018年作为广东省政协委员,在两会期间提出"关于将肿瘤纳入基层门诊医保范围的建议",被广东省政协选为重点提案。

股东介绍

中国国有资本风险投资基金:2016年8月,经国务院批准,由中国国新控股有限责任公司、中国邮政储蓄银行股份有限公司、中国建设银行股份有限公司、深圳市投资控股有限公司共同出资设立的中国国有资本风险投资基金股份有限公司正式成立。基金总规模约 2000 亿元人民币。基金立足于运用市场机制推进国家战略实施，按照市场化、专业化原则运作，在回报良好的前提下，主要投资于企业技术创新、产业升级项目。

中国平安：中国平安是中国金融保险业中第一家引入外资的企业，拥有完善的治理架构，国际化、专业化的管理团队。2016 年世界 500 强企业名单排行榜排名 41 位；2016 年福布斯全球 2000 强上市公司榜排名 20 位；美国《财富》杂志"全球领先企业 500 强"名列第 96 位，并蝉联中国内地非国有企业第一。

中国人寿：中国人寿保险（集团）公司及其子公司构成了我国最大的国有金融保险集团。连续 7 年入选世界品牌 500 强，位列第 237 位；入选《中国品牌价值研究院》中国品牌 500 强，位列第 15 位。成为内地资本市场"保险第一股"和全球第一家在纽约、香港和上海三地上市的保险公司，并已成为全球市值最大的上市寿险公司。在 2016 中国企业 500 强中，排名第 12。

招银国际：招银国际金融有限公司（"招银国际"）是一家立足香港、深植内地、面向全球的全方位、专业化综合金融服务机构。作为招商银行股份有限公司的全资附属机构，招银国际及其子公司凭借集团境内外协同和联动的优势，发展成为了资本净额超过 3600 亿、资产总额超过 4.7 万亿、全国设有超过 1200 家网点、员工超过 7 万人的全国性股份制商业银行，并跻身全球前 100 家大银行之列。

金浦产业投资基金：金浦产业投资基金是上海金融发展投资基金的管理人，由上海国际集团（董事长由上海市副市长沈骏出任）资产管理有限公司（控股）、江苏沙钢集团有限公司、华泰证券股份有限公司和横店集团控股有限公司等共同出资设立。2009年7月成立，公司的注册资本为1.2亿元人民币。公司主要从事产业投资基金及其他类型的股权投资基金的发起设立，经营管理和投资运作业务。

史带基金：1919年成立于上海的史带公司是一家全球性保险、金融服务和跨国投资机构，是友邦保险的创始股东，中国最早的外资机构之一，在复旦大学捐赠了一栋史带基金楼，其创始人格林伯格号称世界保险教父，是美国AIG集团创始人。

斯道资本：原名"富达国际投资（FIL Limited）"成立于1969年，是投资管理行业倍受信赖的全球领导者之一。截至2014年12月31日，富达国际投资管理的总资产逾2万亿美元，连同行政管理服务的总资产逾3,567亿美元，旗下拥有700多只股票、固定收益、地产和资产配置基金。富达始终支持和培育着中国最好的公司，并使之成长为全球的领先者。包括亚信、阿里巴巴、掌上灵通、华友世纪、点击科技、无锡药明康德、Asia Renal Care等公司的融资历程中，富达国际都是第一轮的投资人。

NEA：恩颐投资咨询有限公司：New Enterprise Associates（NEA）是全球风险投资行业的领袖公司之一，其使命是帮助创业者建立和发展能够改变人类生活工作方式的企业。自1978年成立以来，在25年经典的风险投资中，NEA目前管理着超过90亿美元的资本，其拥有着丰富的团队先后投资超过了500家企业，其中152家成功上市，211家被兼并和收购。

二、汇聚国医名师　实现开宗立派

固生堂专家团队达3200余名，其中拥有高级职称占比达80%。包括5名国医大师、24名国家级名老中医、17名固生堂全国专家委员会成员、20名全国性专委会主委或副主委、

66名省级名老中医以及省级学会主委副主委。

国医大师　孙光荣　中医内科（固生堂北京分院）

1958年至今执业中医临床55年，在临床同期从事中医药文献研究及中医药文化研究32年、研究生教育16年、远程教育13年、全国优秀中医临床人才培训9年。担任国家中医药管理局中医药文化建设与科学普及专家委员会委员、继教委员会委员；中华中医药学会常务理事、文化分会学术顾问、继教分会第一任主任委员等职务；享受国务院政府特殊津贴专家。

擅长治疗：脾胃病、血液病、情志病、肿瘤等疑难杂症。

国医大师　周仲瑛　中医内科（固生堂南京宁西门诊部）

南京中医药大学前任院长，江苏省中医院前任院长，首批国家级非物质文化遗产代表性传人（全国中医界仅二人），首批国务院特殊津贴获得者。有着六十多年的中医临床经验和深厚的中医理论基础。先后主持国家级科研课题8项、部省级6项，取得科研成果24项。获得科技进步奖22项，其中部省级17项。研究科研用药25种，转让新药8种。在中医内科疑难杂症方面临床经验丰富，疗效卓著。

擅长治疗：各种疑难杂症。

国医大师　禤国维　中医皮肤科（固生堂广州淘金分院）

主任医师，教授，博士研究生导师，广东省名中医，享受国务院特殊津贴，是人事部、卫生部、国家中医药管理局确定的第二批继承工作的老中医专家，曾任广东省中医院副院长兼皮肤科主任，广州中医药大学第二临床医学院副院长。广东省中医院皮肤病性病医疗中心主任等职务。

擅长治疗：脱发病、痤疮、荨麻疹、红斑狼疮。

国医大师　周岱翰　中医肿瘤科（固生堂广州赤岗分院）

全国著名中医肿瘤学家和教育家，广州中医药大学肿瘤研究所所长，首席教授，主任医师，博士研究生导师，担任中国中医科学院传承博士后导师，中华中医药学会全国理事，中华中医药学会肿瘤分会名誉主任委员等职务，被国务院授予"卫生事业突出贡献"证书并享受政府特殊津贴。

擅长治疗：肝癌、肺癌、肠癌、乳腺癌等晚期癌瘤。

国医大师　刘嘉湘　中医肿瘤科（固生堂上海万嘉分院）

首批上海市名中医，全国老中医药专家学术经验继承班指导老师。1962年上海中医学院六年制医疗本科毕业。曾师从张伯臾、陈耀堂等名医，深得其传，1981年起任龙华医院肿瘤科主任，目前担任全国中医肿瘤专科医疗中心主任，上海市中医肿瘤临床医学中心主任，中华中医药学会肿瘤学会副会长等职务。

擅长治疗：肺癌、胃癌、肝癌等恶性肿瘤。

打造专家团队化　建立名医工作室

2016年，固生堂启动了名医传承人引进计划，通过名医的团队化打造和经营，实现经验传承和人才培养，固生堂走进各大中医药大学，为名老中医引进传承人。

固生堂携手广州中医药大学，上海中医药大学，南京中医药大学，福建中医药大学，成都中医药大学等7所中医药大学，合作共建中医药人才传承平台，通过现代大学教育与传统中医的师承培养相结合，探索现代传统中医人才传承培养体系。

同时创立"名医工作室"学徒制，采用1年学徒，3年跟师的的学师方式。医师带领中青年医师在各自中医馆分院设

图 6-3　固生堂名医工作室

置坐诊,为其提供晋升的平台。在"抄诊抄方"的基础上,从"医德、医道、医学、医理、医术、医文"等方面传承中医药文化。

"师带徒"师承模式还与学校教育相辅相成,通过老师和学生的面对面,把一些感性的知识、临床的经验以及特殊案例及时的传授给年轻中医师。让具有较强学习意识和学习能力的中青年医师,在更短的时间内,成长为新时代的中医传承人,帮助医生实现"开宗立派"的可能。

通过名医工作室,中医手艺从三甲医院分散到了中医馆,又从中医馆医师手中流传到了各大院校,各个城市分诊点,最后进入到了市民百姓的健康中。在培养具有中医思维的中医师过程中,也实现中医文化的传承和弘扬。

三、始终采道地药　坚持开良心方

固生堂始终秉承"良心医 放心药"的堂训,坚持使用道地药材,严格控制药材品质。通过供应商的筛选,实现药材90%以上的道地性,不仅让老百姓使用上无硫、有道地药效的中药，还通过减少供应中间环节，确保药材的质量和价格的稳定性，让患者享受真正实惠的放心药，提高患者的用药体验。

派人员现场勘察：以大量的采购为条件，换得厂家药材直供的"特权"，指派人员与药厂一起到药库现场进行勘察，确保源头质量把关；

严格的品质监控流程：药材运输到选定中药饮片厂后，制成中药配给到固生堂，由中药鉴定学专家进行再次鉴定，并予以评级；评级为优与良的留样备份并入中药库，待药房领用时再次与留样对比，若一致则进行配药给患者，否则便退厂处理；而在中药鉴定评级为合格的则返回中药饮片厂，直至鉴定评级为良以上；若鉴定为伪品，则直接对饮片厂进行罚款处理。

坚持1+3供应商原则：建立集团的用药保障，与优质的供应商长期合作。采用"1+3原则"，每个品种有1个主中标企业和3个备选供应商企业，以确保主中标企业在没问题的情况下能长期合作，而在主中标企业出现问题时，集团可以马上启用备选供应商，确保全国医馆用药供应商的稳定性，满足患者用药需求。

建立中药材样品库：建立"固生堂样品库"，包括一些优质的、有特色的药品，还有一些变种的、不合格的样品都会收录其中，供参照研究使用。

确保药材道地疗效后，医生不需再因药含量不足而开大处方，用药安全性实现可控，少量的药就能治好病，患者看病费用节省更多。

固生堂对药材的重视，换来了患者用脚投票。2017年固生堂月度回头率超过了60%，年度回头率超过了80%。

图 6-4　固生堂放心药

四、以服务为中心　结合特色诊疗

"12345"的经营理念：中医需要用疗效形成口碑，需要时间来沉淀品牌。固生堂核心竞争力，可归结为一套"12345"的经营理念：一心一意发展基层中医连锁；两个中心，以专家与患者为中心；做好"三好学生"，好医好药好疗效；四省，让患者省时省力省心省钱；打造五有专家，有料有爱有品有名有产。

以专家与患者为中心

固生堂定位为线下为主的平台模式，通过邀请或合作的双向转诊方式，将三甲医院名医请到固生堂来门诊，以基层首诊、双向转诊的'医改模式'，解决老百姓看病难问题。

创新医联体合作：为构建高效的分级诊疗制度，实现医疗资源下沉，满足人民群众日益增长的中医药健康服务需求。固生堂于2013年起开始探索推进医联体合作，现已完成跟广东省中医院、广州中医药大学第一附属医院、广东省第二中医院、上海中医药大学附属岳阳中西医结合医院、上海中医药大学附属龙华医院等国内知名三甲中医院的合作，延请当地三甲医院最难挂号的头部医生，满足社区市民需求。

建立完善报销机制：在看病贵问题上，固生堂免去了医院设备检查步骤，缩减了看病花销，基层医院报销比例比三甲医院高出 20%－30%，综合看病成本也就更低，目前固生堂全国医馆已基本设有社区医保定点。

打造五有专家：优质医生是患者进店的最大驱动力。固生堂通过三个维度的结合，优化医生链条的收益分配。其一，按劳分配，医生通过诊金分配等协定收益；其二，按知分配，固生堂与医生共同打造中药秘方产品，形成知识产权；其三，按资分配，医生可以单店入股形式与固生堂共同办医，从中获得固生堂股权。让专家实现有料有爱有品有名有产。

固生堂的医生收入只和诊金挂钩，与药品提成无关，所以医生会贴心地给患者开"小处方"，患者只要花很少的药钱就能看好病。口碑越好，这个医生赚的钱就越多。有别于三甲医院医生收入与"大处方"、大检查挂钩的模式。

名气特色科室　全方位中医诊疗手法

固生堂全国各个医馆皆设有中医妇科、中医内分泌科、中医脾胃科、中医呼吸科、中医肿瘤科、中医风湿科，中医儿科、中医皮肤科、中医针灸科等中医科室，名医专家运用内外结合的调理方法，解决社区市民的健康问题姓问诊实现了，省时，省心，省力，省钱的四省服务。

中医讲求从整体出发，根据患者禀赋的异同，通过辨证论治，达到调整脏腑，调理气血的效果。

中医妇科：针对不孕不育，区别于传统中医汤药治疗，采用中药内服加中医外治联合的治疗方法（多途径综合疗法），

图 6-5 中医特色诊疗

形成了妇科一系列特色中医治疗方法，包括艾灸、子午流注、灌肠治疗、盐敷治疗、散结敷贴、梅花针、药物罐、脐盐灸等。

中医皮肤科：除了常规的方剂，还配合中医特色疗法，起到事半功倍的效果。如穴位注射、梅花针、刺络放血、中药湿敷、温针、中药面膜、火针、穴位贴敷、艾灸等"内外兼调"的中医施治，让患者得到良好的诊疗效果。如火针疗法治疗痤疮、划痕疗法治疗皮炎湿疹等临床疗效显著。

中医肿瘤科：一方面是运用中医药对肿瘤手术后的预防复发以及配合放化疗增效减毒、抗复发转移；另一方面是配合调理，传统医药加上膳食食疗、起居调养、情志调节。

中医小儿推拿：通过触诊判断孩子脏腑及经脉的虚实、寒热状态，有针对性地在儿童体质辨识的基础上，运用推、揉、运、拿、捏、摩等手法以及一些艾灸古法，做到轻、柔、快、稳、实，使 0-12 岁的孩子在几乎感觉不到什么痛苦的情况下，帮其解除病痛。

中医针灸科：施一针至三针即可，留针短疼痛少，而且起效快速持久，适应症广。可以优先用针灸来治疗，咳嗽能治、头痛能治、不孕能治、颈椎腰椎问题更是容易治。针灸、小针刀等疗法深受广大患者好评。

中医脾胃科：中医、中西医结合方法诊治炎症性肠病（溃疡性结肠炎、克罗恩病），慢性肠道疾病（慢性便秘、慢性腹泻、慢性腹痛、肠易激综合征、缺血性肠病），慢性胃部疾病（慢性萎缩性胃炎、胃食管反流病、慢性胃炎、消化性溃疡病）等，效果显著。

五、创新发展模式　成就百年品牌

为了使中医门诊得以规模化、标准化铺开，固生堂积极寻求资本的力量。目前，固生堂已完成了由央企、平安保险等金融巨头共同投资的 5.1 亿股权 +5 亿债券的 D 轮融资，一跃成为了"准国家队"医疗连锁机构。

图 6-6　固生堂 D 轮融资

此前，固生堂还获得超过一亿美元的多轮融资，包括了全球最大的医疗产业风险投资基金 NEA 的上千万美元投资，世界最大的投资管理公司之一的斯道资本 Eight Roads（原富达亚洲风险投资）投资 3000 万美元，以及国际顶级基金的"史带基金"领投的 7000 万美元融资。在资本的助推上，固生堂一跃成为了国内最大的基层中医门诊机构。

固生堂中医坚定传承与发扬中医的信念，搭建起名医、名药、民众互相融合的平台，未来也将一步一个脚印踏实地走得更远，成就 500 年中医医疗品牌。

为传统中医插上互联网和人工智能的翅膀：让传统中医与互联网结合，实现数据化和智能化。现在固生堂已经获得了互联网医院牌照，即将推出互联网医疗平台"枣医生"，让患者在家里，让医生可以利用更多碎片化的时间，实现就近或远程问诊、看诊。

扩张创新业务模式：通过与金融、大客户渠道等的合作，一方面促进固生堂的门诊服务人数，另外一方面，将固生堂的服务作为差异化营销办法，增加自身产品的市场竞争力，从而双方达到互惠共赢的状态。目前已与广发银行、招商银行达成深度融合，推出中医健康联名卡，把中医带进更多不同消费群体。

药物研发：把国医大师处方变成协定方，对协定方疗效进行数据回访，对处方形成准确有疗效的评价，与上流药厂合作，全国多个城市同步做临床试验，把处方变成临床新药，把固生堂作为最大的销售终端进行运作。

打造中医药健康产业园：与政府合作打造中医药健康产业园以及成立大健康产业基金等项目。聚集国家级研究院、国家级产业基金、国际级技术团队，打造完善的中医药"创、展、研、融、用"融合发展的总部生态。

估值过百亿 3 年左右上市：据业内推算，固生堂总估值已超过"独角兽"10 亿美元的门槛，达到 70 亿元人民币。2018 年固生堂全国门店将达到 60 家，公司估值要超过 100 亿元。

还将在 5 年内通过控股平台，培育 5 家企业，其中 3 家市值要超过 10 亿元。此外，公司计划 3 年左右上市。

让患者获得好的疗效，让医生因职业感到骄傲，固生堂的定位就是很质朴的，就是要为普通患者与知名医生搭建平台，在基层门诊解决看病难看病贵问题。经营中医馆就是要"慢"，用疗效和口碑说话，踏踏实实地走了八年，现在的固生堂已经成为全国最大的民营连锁中医馆。

附：固生堂中医门诊全国范围的规划布局情况

广东省广州市：（13 家）
【经营】广州中医药大学固生堂医疗门诊部（骏景分院）
【经营】广州中医药大学固生堂海珠医疗门诊部
【经营】广州中医药大学固生堂海珠二院
【经营】广州固生堂岭南中医馆东山门诊部
【经营】广州固生堂岭南中医馆东湖门诊部
【经营】广州固生堂岭南中医馆淘金门诊部
【经营】广州固生堂岭南中医馆天河北门诊部
【经营】广州固生堂岭南中医馆赤岗门诊部（肿瘤中心）
【经营】广州固生堂岭南中医馆番禺门诊部
【经营】广州固生堂三元里分院
【经营】广州固生堂荔湾分院
【经营】广州固生堂华师分院
【筹备】广州固生堂京溪分院
上海：（4 家）
【经营】上海中医药大学固生堂虹桥分院
【经营】上海固生堂宝山分院
【经营】上海固生堂莘庄分院
【经营】上海固生堂长海分院

广东省深圳市：（7 家）

【经营】深圳固生堂竹子林分院

【经营】深圳固生堂颐和分院

【经营】深圳固生堂南山分院

【经营】深圳固生堂罗湖分院

【经营】深圳固生堂宝安分院

【筹建】深圳固生堂泛海拉菲分院

【筹备】深圳固生堂皇岗口岸分院

北京：（1 家）

【经营】中华中医药学会固生堂北京国医馆

浙江省宁波市：（3 家）

【经营】上海中医药大学宁波固生堂中医馆（海曙分院）

【经营】宁波固生堂鄞州分院

【经营】宁波固生堂江北分院

广东省中山市：（1 家）

【经营】中山西区固生堂中医门诊部

广东省佛山市：（2 家）

【经营】广州中医药大学固生堂南海中医门诊部

【经营】广州中医药大学固生堂顺德国医馆

南京：（1 家）

【经营】南中医大固生堂宁西门诊部

江苏省苏州市：（2 家）

【经营】南京中医药大学南京固生堂国医馆（桃花坞分院）

【经营】苏州固生堂老东吴分院

江苏无锡市：（2 家）

【经营】无锡固生葆元春堂崇安寺分院

【经营】无锡固生葆元春堂南禅寺分院

江苏昆山市：（1家）
【经营】上海中医药大学固生堂昆山国医馆
福建省福州市：（2家）
【经营】福州固生堂杏福分院
【经营】福州固生堂西湖分院
四川省成都市：（1家）
【经营】中华中医药学会固生堂成都国医馆
天津：
【筹建】中华中医药学会固生堂天津国医馆
安徽省合肥市：
【筹备】安徽中医药大学固生堂国医馆
湖南省长沙市：
【筹备】湖南中医药大学固生堂国医馆

（曾丽芳　整理）

总部地址：广州市越秀区东风东路761号丽丰中心36层

"固生堂中医"微信　　"固生堂预约"微信

天津武清泉达医院国医堂

一、国医堂简介

天津武清泉达医院坐落于京津之间的武清开发区泉达路（国家级经济技术开发区、国家级高新技术产业园区），是一所集医疗、教学、科研、预防、康复、保健、健康管理于一体的综合医院。

国医堂为天津武清泉达医院所开设，国医堂可以开展20种中医内治和外治诊疗项目，包括理疗、康复、亚健康调理、慢性病调理等，吸引了来自天津、北京、河北、河南、江苏、深圳等全国13个省市的病人来院就诊。泉达医院的制剂室可以开展中药传统的丸、散、膏、口服液、药茶、药酒、香囊的制备，医院在治疗心脑血管病、失眠、颈肩腰腿、"四高症"、各类皮肤病、妇科病等各类慢病方面形成了疗效显著的方法，并不断深入挖掘、整理和研究应用祖国中医药精粹，提高临床疗效，带动科研创新，借助高科技手段，推动中医药事业快速发展。在人才培养上采用"梯队培养""名中医师带徒""科室成员轮流到协作医院进修"面向全国引进"三高"（高水平、高职称、高学历）人才相结合的模式，制订朝阳培养计划，分级分段地培养青年人才，2017年、2018年分别申请区科委课题2项。

图 7-1 泉达医院国医堂

二、名医坐镇　精益求精

陆小左

陆小左教授,著名中医学家,天津中医药大学博士生导师,国家中医药管理局中医师认证中心命审题专家,国家中医药管理局中医药文化科普巡讲团专家,中华中医药学会诊断学分会副主任委员,世界中医药联合会诊断学分会副会长。

陆小左教授临床辨证精准,善于综合运用中医诸法治疗疾病,注重形神兼治,针药并施,创立了基于经方的陆氏方剂。他擅用针灸,创建了扶正安神通任、补肾安神通督陆氏针法。他认为中医最基本病机在于不通、不荣、不平,具体在经脉则是正气不足,经脉不通,阴阳失和。补肾、安神、通督相互结合,对于改善脏腑功能状态,增强病人体质,调整病人心态,消除精神、神经方面的症状,促进疾病早日向愈具有重要作用。他擅用耳针,创建了耳穴调平法;他在痧法、罐法、推拿、灸法上形成了自己独具特色的立体治疗法,这些方法对证灵活应用,有机结合,形成了陆小左教授注重整体调节、未病已病兼顾、形神综合治疗的临床治疗模式和学术体系。

陆小左教授注重科研,主持或参加国家自然科学基金、国家"973"基础研究、科技部行业支持项目、国家中医药管理局、天津市科委重点资助研究10余项,著述丰厚。

陆小左教授潜心中医学人才培养,培养了中医学博士12

图7-2　陆小左教授

名、硕士 38 名。他指导学生完成的"SimMan 中医模拟系统"获得了第十一届"挑战杯"全国大学生课外学术科技作品竞赛二等奖。

陆小左教授践行中医药国际化，先后 10 余次在日本、德国等国家讲学、诊治疾病，经常为来华留学生、进修生授课、临床带教。

秦玉龙

秦玉龙，天津中医药大学教授，博士研究生导师，天津中医药大学中医各家学说教研室主任。1981 年硕士毕业于北京中医学院，中国首批医学硕士学位获得者，在学期间师从任应秋教授，目前为国家中医药管理局中医药重点学科"中医各家学说"学科带头人，中华中医药学会医史文献分会副主任委员。

图 7-3　秦玉龙教授

秦玉龙教授积 40 余年临床经验，认为：湿邪为患是导致现代难治病（如糖尿病、肿瘤、免疫系统疾病、心脑血管疾病、病毒感染类疾病等）的主要因素，从脾胃论治则是打开治疗难治病的一把钥匙，其主治糖尿病、心脑血管疾病、半身不遂、关节疾病、肝胆脾胃疾病、呼吸系统疾病、泌尿系统疾病、内分泌疾病、抑郁症、肿瘤（术后及化疗理疗期间的身体调理与不能手术者的治疗）、各种原因引起的发热等内科杂病及妇科、儿科、皮肤科疾病，同时进行糖尿病及各种疾病的临床营养支持治疗。主编了普通高等教育"十一五"国家级规划教材及全国中医药行业高等教育"十二五""十三五"规划教材《中医各家学说》《实用中医信息学》等,并创编《实用中医文献学》《名医心鉴——历代名医临床经验集萃》等著作。

李跃进

李跃进,天津武清泉达医院国医堂主,毕业于黑龙江省中医药大学,从医42年,2018年被国家中医药管理局评为"全国基层名老中医",2016年被评为"黑龙江省基层名老中医"。

擅长用中医中药治疗肝、胆、胃病,肾病、消渴病、痹症及痛风等内科疾病,年门诊量1.5万人次,接诊来自15个国家的患者。

图7-4 李跃进国医堂主

三、调理养生 未病先防

未病科是以治未病理念为核心,针对个体健康状态,运用中医药养生保健技术和方法,结合现代健康管理手段和方法,管理个人健康,实现未病先防、既病防变的目的。中医将人的体质分为平和质、气虚质、阳虚质、阴虚质、痰湿质、湿热质、血瘀质、气郁质、特禀质九种类型,由于个体的差异性,往往一个人可能混合着几种体质,而除了平和质体质的人,大部分人都是表面健康,其实身体存在着各种隐患。这些人身体器官上没有疾病,但是长此以往,这些隐患就会成为疾病的导火索,若不及时预防,一旦病发,治疗费用则可能成倍增长。与保健品相比,未病前的中医调理显然要来得经济实惠且具有更强的针对性。

中医学的养生学说,是中医预防疾病思想的体现,养生又称为"摄生",主要说明人体要顺应自然规律、增强体质、预防疾病及病后调理、防病复发,从而达到延年益寿的理论和方法,从整体上突出了不治已病治未病的中心思想。可以被概括成四点。

未病先防:当人体处于没有疾病的健康状态时,就应科学养生,以防止疾病的发生。保持良好的情绪,养成良好的生活习惯,这些都是维持身体健康、治疗未病的必要手段。

欲病早治:当人体处于受邪而未发病的亚健康状态时,应采取相应措施及时调治。从人体受到致病因素的影响到发病,是需要一个过程的,抓住人体尚未发病的时机进行治疗,会取得意想不到的疗效。

既病防变:当人体已经患上疾病,就应该采取措施积极治疗,防止疾病加重或转变。

病后防复:当患者经过治疗而康复后,应该及时调养,防止疾病复发。很多人认为病好了就不需要再注意身体了,这种错误的思想很容易导致疾病的复发。

这四种关于治疗未病的观点在中医对疾病的治疗中发挥着重要的作用,早在《黄帝内经》中就有所提及。

四、细致入微 服务周到

刘洪宇院长经常说:"医院作为一个特殊的服务行业,就必须要求医院的医生、护士等所有工作人员必须树立一个'一切为了患者,服务至上'的观念,并且一家医院必须具有明确的服务理念,做到'以理服人,以德感人,以疗效取信于人'。"

1. 以疗效取信于人

医院作为一个企业，它面对的顾客是患者，销售的产品是健康，哪怕你的软件服务再好，如果没有过硬的医疗技术让患者取得满意的疗效，患者同样是不会认同的。"以理服人"只能说明你所做的一切能让患者理解，"以德感人"只能说明你的"德行"让患者感动，只有满意的疗效才能最终让患者真正信任医院，这一条是医院服务中的至上理念。

2. 以德服人

医生有医生的职业操守，护士有护士的职业道德，其他从事医疗服务相关的工作人员也应该具有起码的医疗服务职业道德，而这些职业道德只是一个从事医务工作的基本"德性"。只做到这些是不够的，我们这里提出的"以德感人"已远远超出了这种基本德行的范畴，我们强调的这种"德"是一种"大德"，老子《道德经》对这种"大德"的论述为"生而不有，惟而不持，长而不宰，是为玄德"，什么意思呢？生育了它，而不去占有它，拥有了它而不去炫耀它，掌握了它而不居功自傲随意主宰它。我们强调的这种"德"是一种广义的"爱"，这种爱体现在工作上就是对患者无限的关怀和无私的奉献，对同事真正的帮助和由衷的理解，对自己从事的工作有无限的热忱。

3. 以理服人

"理"就是大家所公认的道理，指办任何一件事是否具有绝对的说服力。体现在具体的工作上，说理是对患者的一种"话疗"，对同事的一种沟通。对一名医生来说"以理服人"尤为重要，体现在为什么要为患者开这样的处方，患者为什么需要进行治疗，患者为什么需要住院等，只要把这个"理"给患者讲明，他就会服从你的治疗，你的治疗方案就能得以顺利实施，也才能最终体现医疗服务的价值。

国医堂从开设以来一直用疗效取信于民，一切为患者着想，不仅给患者带来健康，更要给患者带来温暖，一个好的心情才是一切疾病预防的根本，国医堂用"一人一方，针药并施，形神兼治，立体治疗"的方式，培育出了一批忠诚的患者。

五、国医堂特色服务

全程导诊：所有进入就诊的患者均可咨询医、治、药、养等，全程护士陪同挂号、就诊一条龙的人性化服务。重症患者由导诊人员协助，优先就诊。

名医会诊：重大疑难病患者经提前约诊，可以经过"名中医工作室"多名专家成员共同会诊给予综合评估，并结合患者的经济情况给予最佳治疗方案，最大限度地为患者排忧解难。

义诊活动：国医堂定期会与周边社区共同组织义诊活动，到场免费为社区居民测量血压、血糖、心电图，还设有内科、外科、妇科等科室全方位给社区的居民检查健康情况，并在义诊期间定期举行健康知识讲座，普及健康知识，宣传中医文化，提高居民的健康意识，并在讲座期间为听课人员免费发放健康知识宣传材料，让居民时刻记着所讲的内容。

专家服务：为所有就诊患者提供专家一对一服务，对症下药，一人一方，给予患者最权威的诊断和最好的治疗。让所有患者都享受到专家的诊断，专业的服务。并为每名专家配2～4名助理，协助专家开药方及约诊就诊，使专家省心，让患者放心。

特色服务：国医堂紧跟时代不断进步，在预约方面可以使用微信电话等多种预约方式，结算也增加了多种无现金结算方式，为了让患者更加方便，国医堂提供免费煎药项目，并为患者邮寄到家，节约了患者的时间，也体现了国医堂"一切为了患者"的服务理念。

六、手法治疗　绿色健康

内病外治，源远流长，"良工不废外治"。外治法是中国医药学伟大宝库中的珍贵遗产之一，历史悠久，源远流长。从可供查考的历史资料来看，远古祖先用"砭石"（一种楔形石块，其锋可代刀针）放血、刺患处；用树枝、兽皮、苔藓、草茎、泥灰、唾液敷创伤；用树枝、干草燃烧烘热身体，御寒去疾等皆是针、灸、敷贴、热熨等外治法的自发起源。

针灸：针灸是针法和灸法的合称，针法是把毫针按一定穴位刺入患者体内，用提插捻转等手法来治疗疾病。针灸具有疏通经络、调和阴阳、扶正祛邪等作用，适用于失眠、月经不调、皮肤病、颈肩腰腿疼、偏瘫、心脑血管疾病和消化系统疾病等。

艾灸：艾灸是把燃烧着的艾绒按一定穴位熏灼皮肤，利用热的刺激来治疗疾病，它具有温散寒邪、温经通络、活血逐痹、消瘀散结、回阳固脱的作用。适用于虚寒类疾病和慢性疾病为主，例如：老年性关节炎、关节活动障碍、肩周炎、颈腰椎病；慢性胃炎、虚寒性腹泻、胃痛；痛经等妇科疾病，前列腺炎等男科疾病；脏器下垂等疾病。为方便广大患者，医院新引进"通督艾灸椅"帮助大家早日战胜病魔。

刮痧：刮痧时以中医经络腧穴理论为指导，通过特质的刮痧器具和相应的手法，蘸取一定的介质，在体表进行反复刮动、摩擦，使皮肤局部出现红色粟粒状，或暗红色出血点等"出痧"变化，从而达到活血透痧的作用。因其简便廉效的特点，临床应用广泛，适用于失眠、感冒、头晕头痛、咽喉肿痛、便秘、颈肩疼痛、月经不调等疾病，特别适合医疗及家庭保健治病。还可以配合针灸、拔罐、刺络放血等疗法使用，达到活血化瘀、驱邪排毒的效果。

拔罐：拔罐是以玻璃罐（现代常用）、竹罐等位工具，利用燃火、抽气等方法使之吸附于腧穴或应拔部位的体表，产生刺激，使被拔部位的皮肤充血、瘀血，以达到通经活络、行气活血、消肿止痛、祛风散寒、疏肝理气的作用，适用于失眠、头重头痛、感冒、咽喉肿痛、便秘、颈肩疼痛、皮疹等疾病。

中药蜡疗：温热作用：促进血液循环、消除炎症、镇痛；机械作用：消除肿胀、加深温热作用、松懈粘连、软化瘢痕，适用于急慢性关节炎、老年性关节疼痛、风寒湿引起的肌肉僵痛等各种关节问题及虚寒腹痛等疾病。常配合通络止痛、祛风除痹作用的外敷中药、微波等理疗仪器。

微波：微波治疗是利用微波生物组织的热效应对病变组织进行止血、凝固、灼除或消肿、消炎、止痛，改善局部组织血液循环等，达到治疗疾病的作用。适用于急慢性关节炎、腱鞘炎、关节积液、盆腔积液等疾病，常配合中药蜡疗达到治疗疾病的作用。

中医推拿：推拿是指用手在人体上按经络、穴位用推、拿、捏、提、揉等手法进行治疗。推拿为一种非药物的自然疗法、物理疗法，通常是指医者运用自己的双手作用于患者的体表、受伤的部位、不适的所在、特定的腧穴、疼痛的地方，具体运用推、拿、按、摩、揉、捏、点、拍等形式多样的手法，以期达到疏通经络、推行气血、扶伤止痛、祛邪扶正、调和阴阳的疗效，适用于各种原因导致的颈肩腰腿疼、肌肉疲劳、肢体不利、头晕头痛等疾病。

国医堂不止为患者提供内病内治，更主打内病外治，全方位地为患者提供医疗方法，开展项目：针灸、艾灸、刮痧、拔罐、中药蜡疗、微波、中医推拿。名医陆小左教授在针灸、推拿领域造诣颇深,手法娴熟,疗效显著,得到患者们的一致好评。

(张磊 整理)

地址:天津市武清开发区北财源道 18 号(伊利乳业东门对面)

"天津武清泉达医院"微信

天津市武清区银江中医门诊部

在波澜掩映的北运河畔，一座既朴素而又典雅的中式建筑矗立其间，四个金灿灿的大字"大国医堂"在牌匾上熠熠生辉，来过这里求医问药的人们都知道，这就是享誉武清、名扬全国的银江中医门诊部。

一、创建历史

银江中医门诊部始立于2016年，是首届全国名中医陈宝贵教授发起的，云集了一大批学有所成、术有专攻的中青年专家、博士后及硕博士，是集医疗、教学、科研为一体，弘扬和展示博大精深中医药文化的窗口，以"体验国医精粹，实现中西融合，培养一代新人，大业薪火相传，真诚服务百姓，打造健康中国"为己任。

现在银江中医门诊部为全国名老中医传承工作室教学基地，中国中医科学院博士后传承工作站，全国基层名中医工作室传承教学基地，天津市武清经济技术开发区博士后工作站教学基地，天津中医药大学硕博士生传承教学基地，武清区名医工作室传承教学基地。

二、三位一体特色

（一）名校

以著名学府天津中医药大学为依托，作为天津中医药大学

图 8-1 银江中医门诊部正门照

硕博士生传承教学基地,学生们在学校学习背诵经典,在银江中医门诊部进行中医临床,在实践中体会"读经典、师古义"的真谛,这已经成为银江中医门诊部教学传承的特色和亮点。

(二) 名家

在银江中医门诊部应诊的是名副其实的中医专家,这里既有博古通今的国家级名老中医,又有众多才华横溢、学贯中西的中青年专家、医学博士,他们始终站在中医学科技进步和技术发展的前沿,在重大疾病诊疗和现代难治病的防治研究中发挥着重要作用。

(三) 名药

银江中医门诊部以精准溯源的道地药材为特色,学生们在这里抓药、认药、尝药,专家们在这里实践和研究效验良方。这些源于众多名老中医亲传,理法缜密、疗效显著的方药,在消除和缓解病痛的同时,受到国内外患者的广泛好评。

三、专病 专科优势

银江中医门诊部以专科、专病为基础，同时发挥中医各科"立体疗法"综合治疗手段，形成了中医脾胃病科、脑病科、肝胆病科、男科、妇科、糖尿病科、肿瘤科、儿科、针灸科等为主的传统特色中医科室。运用"五神藏"理论结合"三精准"原则，对萎缩性胃炎癌前病变、老年脑病以及各种慢性病、疑难杂症治疗有效率达85%以上。近两年，累计门诊量两万余人次，国内患者北至黑龙江漠河，西至新疆伊犁，东至舟山普陀，南至港澳台，国际患者遍布欧美、亚非拉，外地慕名而来的患者占总门诊量的55%。

银江中医门诊部取得的发展和成绩与国内外友人和广大患者多年的关心和支持密不可分，银江中医门诊部珍惜和感谢这些信任和支持，也定将始终如一地坚持它的服务宗旨，弘扬光大中国传统医学，更好地为国内外友人和广大病患者服务。

四、陈宝贵教授简介

陈宝贵，男，汉族，1949年10月1日生，天津武清人，中共党员，北京中医药大学中医学专业毕业，研究生学历，主任医师，天津中医药大学教授、博士生导师，中国中医科学院中医药传承博士后合作导师，全国名老中医传承工作室指导老师，全国第三、第四批全国老中医药专家学术经验继承工作指导老师，首届全国名

图 8-2 陈宝贵教授

中医,首届全国最美中医,享受国务院特殊津贴专家,张锡纯中西医汇通流派第三代传人。

1965年从医,1971年跟随张锡纯关门弟子柳学洙先生学习,1975年于北京中医学院中医系学习,1978年毕业后专门从事柳学洙主任医师学术继承工作,抢救中医文化遗产,跟师10年中与老师同吃、同住、同门诊、同查房,得先生之真谛。1983年就读于中国中医研究院研究生班。

图8-3 陈宝贵教授在查阅资料

陈老现任中华中医药学会第六届常务理事,天津中医药学会第六届理事会副会长,天津中医药学会文化专业委员会主任委员,获全国先进工作者、全国五一劳动奖章、天津市最具影响力劳动模范。先后三次作为全国劳模代表,参加国庆60周年大典、抗日战争暨世界反法西斯战争胜利70周年纪念大会和阅兵式等活动。

陈老从医53年来,始终坚守临床一线并承担和主持科研教学工作,临床擅长治疗中医内科疾病及各种疑难杂症,创制"胃炎溃疡散"获国家发明专利,在治疗及预防老年痴呆上取得很大成绩。形成完整的学术思想:①依据《内经》"五神藏"理论,创立"脑病从神论治"的学术思想,指导老年脑病预防和治疗;把中医药用于脑外伤围手术期,显著降低死亡率、致残率;②提出"重建脾胃生理功能"的学术特点,用"治胃九法"治疗消化系统疾病疗效显著,尤其是对萎缩性胃炎癌前病变的治疗,有效率达90%;③总结独特的"中医临证思辨方法",系统地概括中医诊病思路,有效指导学生临床学习及工作;④强调辨证精准、组方配伍精准、用药配比精准的三精准原则;注重临证中的证效关系、量效关系、时效关系三关系原则及诊疗中体现人与自然、人身脏腑经络器官、人身整体与局部疾病辨证的三统一原则;⑤创体质药膳食谱,养生防病;⑥传承张锡纯学术思想,形成中西汇通的传承体系。

图8-4 陈宝贵教授诊脉

五、中医传承

我馆陈宝贵教授注重中医师承教育,指导学生挖掘整理名老中医药专家学术经验。采取中医传统"师带徒"形式带教学生,坚持每周给学生讲课,传授临证经验,批改弟子及学生读书笔记和临证医案近5000篇。致力于张锡纯中西医汇通流派的研究与传承工作,形成学术传承谱系,先后培养硕、博士、博士后及继承人 51 名。指导学生总结老师临证经验，整理《陈宝贵医案选粹》《陈宝贵医话医论选》等书籍 7 部，发表名老中医学术思想传承及相关论文 200 余篇。

图 8-5　陈宝贵教授带教

六、弘扬传统中医——服务民众

在"非典"期间，我馆陈宝贵教授研制"清瘟解毒饮"，组织全区 80 余万人饮用预防，使得处在京津之间的武清，无一例"非典"感染病例。援建汶川地震灾区，先后 16 次深入地震重灾区陕西略阳，参与抗震救灾及灾后重建工作，央视 1 套《新闻 30 分》和《身边的感动》两个栏目专题报道其援建事迹。

20 余年来我馆数十次参加国际学术交流研讨会，陈宝贵教授相继到美国、加拿大、捷克、马来西亚等 10 几个国家讲学，在各类学术会议上做主题演讲及专题报告 12 次，为中医走出国门走向世界做出一定贡献。

七、学术成果

我馆陈宝贵教授科研成果：①作为分中心负责人参加的"芪参益气滴丸对心肌梗死二级预防的临床试验研究"获得国家科学技术进步二等奖；②国家973项目1项：肾虚型老年性痴呆中医证候临床流行病学调查；③天津市卫计委中医及中西医结合课题3项。省部级科研奖励3项：A"回神颗粒对缺血性脑损伤脑保护机制"获得中华中医药学会科学技术三等奖；B天津市科技进步三等奖；C"补气化瘀开窍法治疗创伤性脑损伤临床及实验研究"获得中国中医药研究促进会科技进步二等奖。获得天津市科技成果12项及国家发明专利9项。学术著作19部，其中主编3部，主审2部，副主编4部，参编及编委10部。学术论文75篇，其中第一作者15篇，第二作者41篇，第三及以后作者19篇。

图8-6　全国名中医陈宝贵

（王达　整理）

地址：天津市武清区银江商城H号楼B区1号

河北中医学院国医堂

河北中医学院门诊部成立于1985年,是由河北省中医药管理局直接管理的中医门诊部,为省属非营利性医疗机构,省医保慢性病定点及市医保定点单位,隶属于河北中医学院。2016年5月,河北省中医药管理局批准其增加"河北中医学院·国医堂"为第二名称。

国医堂依托高等学府的专家团队,集医疗、教学、科研为一体,为社会提供专业的高层次的中医诊疗服务。以传承和创新中医诊疗思维和技术,为百姓提供高层次中医诊疗服务为主旨,以名医、良药、精诚、仁爱为理念,目前由国家级名中医、省级名中医,主任医师、副主任医师、博士生导师、硕士生导师为主应诊。

图9-1　国医堂一楼大厅

一、大雅之堂　橘井泉香

河北中医学院国医堂坐落于河北中医学院橘泉校区，是河北中医学院在 2013 年底重新恢复独立建制后，筹资 500 万元在河北中医学院门诊部的基础上提升改造建成的，卫生行政管理归属河北省中医药管理局。

图 9-2　河北中医学院橘泉校区

国医堂使用面积为 2500 多平方米，诊室 50 余间，依托国家级、省级名中医专家团队，致力为社会提供专业的高层次的中医健康评估、诊疗、康复、老年签约服务等。

图 9-3　国医堂大楼

图 9-4 国医堂诊室

二、底蕴深厚　桃满杏林

河北中医学院始建于 1958 年,是全国建校较早的高等中医药院校之一。建校近 60 年来,培养了包括中国工程院院士在内的数万名中医药人才,现为河北省人民政府与国家中医药管理局共建高校、河北省重点骨干大学、河北省"双一流"建设高校、教育部卓越医生(中医)教育培养计划改革试点高校。拥有 11 个博士学位授权点、27 个硕士学位授权点,具有推荐优秀应届本科毕业生免试攻读研究生资格。

学校拥有一批学识渊博、享有盛誉的专家教授,其中国医大师 1 人,享受国务院政府特殊津贴专家 11 人,全国优秀教师 1 人,全国中医药高等学校教学名师 2 人,全国名中医 1 人,全国老中医药专家学术经验继承工作指导老师 19 人,全国优秀中医临床人才 14 人,河北省名中医 14 人。

作为中医药的重要发祥地和中医鼻祖扁鹊故里,河北中医药文化底蕴深厚,历代名医辈出,中药资源丰富,是全国有影响的中医药大省。面对中医药振兴发展和"双一流"建设的

图9-5 河北中医学院杏苑校区

良好机遇，河北中医学院将进一步发扬优良的办学传统和作风，着力建设高水平有特色中医药高等院校，为河北中医药强省建设和中医药事业振兴做出新的更大贡献。

国医堂一直以来积极配合学校教学改革，以河北省中医药健康服务发展规划（2015—2020）为指导，遵循门诊建设规律，同时为学生提供一个高级别的中医实践的平台。

（一）加强名中医工作室建设

依托现有国家级和省级老中医药专家，配合大学教学改革及中青年教师临床培养，完善名中医工作室的设施，为扁鹊实验班学生提供早临床、反复临床的基地，为名中医选配学校中青年教师作为传承人，打造学校一代一代的名中医、真中医，建设可持续发展的名中医工作室。

（二）打造河北名中医学术思想传承、高级研修基地

与国家级和省级老中医药专家工作室协作，通过整理名中医的学术思想、开展学术会议、举办传承研究班，使名中医的学术思想、辨证思维体系得以传承，并在省内及全国产生一定的影响。

（三）开展治未病技术的规范化研究

依托大学针灸推拿学院和基础医学院，发挥学校人才优势，在国医堂治未病诊区的基础上，组织学生以及中青年教室

开展穴位贴敷规范化治疗及膏方的个性化配方研究,提供简便的中医健康干预方法,将成果应用于基层社区中医健康服务。

(四)建立完善的人才培养机制,积极创造吸纳人才的良好环境

坚持培养、引进、使用并举的方针,引进具有中医诊疗特色的专业技术的人才,使国医堂成为中医各项学术技术展示的平台。

1. 与学院教研室共建,可由学校制定政策,给学校中青年教师在国医堂出诊以及带教的任务;

2. 安排组织学生到国医堂,定期跟随国家级、省级名老中医出诊,做到不死学,理论与实践相结合的方式。

3. 安排学生暑期实习活动,包括跟诊、录方、抓药等多种形式。

4. 通过和其他单位合作,引进其他单位人才来国医堂进修。

三、求真求精　造福一方

国医堂秉承医必求良、药必求真、业必求精、心必求仁之理念,起沉疴,祛顽疾,岂以数计;无贵贱,无贫富,皆如一家;声播于四海之外,誉植于百姓之心。勤求古训,医教研并举,以立古人之肩;锐意创新,以传圣德之学;尊师重教,桃李遍布宇内;杏林春暖,橘井泉香,造福百姓一方。

以"名中医、真中医、纯中医"为建设特色,医、教、研协同,探索中医药传承、治疗、保健等方面的规范,为河北省中医药事业发展和提高人民健康水平提供保障。

四、至善至纯　服务留人

国医堂将打造成为集知名专家多点执业试点、名中医思辨

图 9-6 国医堂服务理念

体系传承、中医健康管理、老年人中医健康服务协议、中医康复服务为一体的河北省中医诊疗示范中心，创新中医药健康服务模式，满足社会多元化需求。会集国家级名老中医、河北省十二大名中医、河北省老中医药专家、国医大师工作室专家坐诊，为患者提供高层次的中医诊疗服务。开放内科、外科、妇科、儿科、皮肤科、针灸（理疗）科、耳鼻喉科、眼科等临床科室，功能检查、放射、检验科等辅助科室，并且创建中医肾病、心脑血管病、肿瘤、妇科、针灸科、皮肤、耳鼻喉、治未病等特色专科。为我省中医药事业发展和提高人民健康水平提供保障，为社会提供专业的高层次的中医诊疗服务，未来将打造成名医、名药的中医药诊疗示范中心。

科室介绍

1. 内科

内科为门诊部最大的科室，诊室面积占门诊部的三分之一，出诊专家有 40 名左右，由国医大师领衔国家级、省级名老中医团队出诊，对心脑血管疾病、肾病、脾胃病、咳喘病、中晚期癌症、病毒感染发热性疾病等均有丰富的治疗经验及手法。

2. 针灸推拿科

针灸科依托针灸推拿学院,在省级知名中医针灸专家率领下组成的团队,具有雄厚的技术力量和丰富的临床经验,从周一至周日每天都有专家应诊,运用针刺、拔罐、刺络放血、耳穴贴压、刮痧、针刀等方法治疗各种疾病。

推拿科由针灸推拿学院知名专家出诊,具有很高的学术造诣和娴熟的推拿手法,运用推拿按摩等不同手法治疗内外儿妇等多种疾病,此外还可以用于预防性体质调理、指导性医疗功法进行疾病后期的干预性康复及养生。

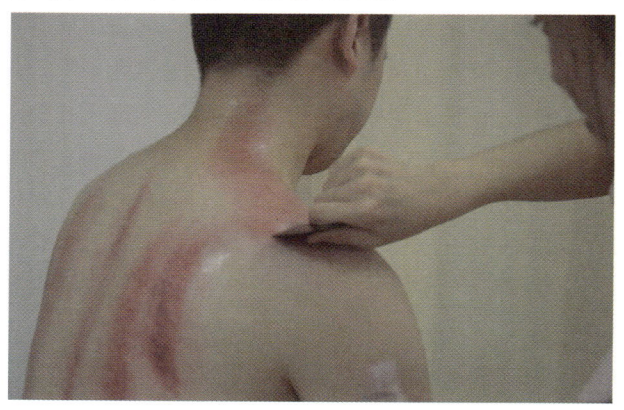

图9-7 为患者刮痧

3. 妇科

妇科由国家级及省级知名专家团队出诊,具有雄厚的技术力量和丰富的临床经验,主治各种妇科常见病和疑难病,病症主要包括:月经病、妊娠病、不孕不育、产后病、子宫肌瘤、卵巢囊肿、单纯性子宫内膜增生、子宫内膜异位症、多囊卵巢综合征等。

4. 皮肤科

皮肤科由知名专家出诊,具有雄厚的技术力量和丰富的临床经验，采用中药与针灸相结合，主治各种皮肤常见病和疑难病，突出中医美容的特色优势，病症主要包括：痤疮、脂褐疣、黄褐斑、湿疹、银屑病、过敏性皮肤病、神经性皮炎等。

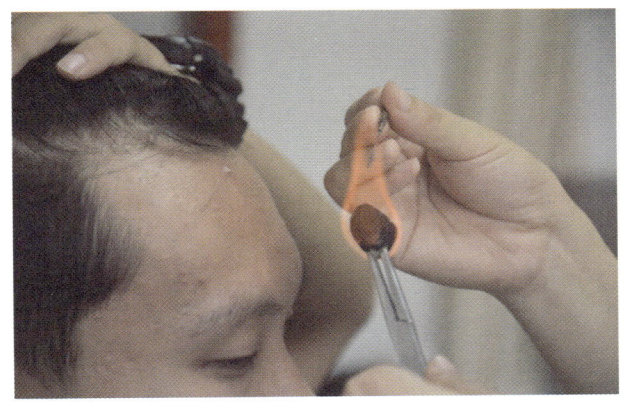

图9-8　火针疗法治疗痤疮

5. 耳鼻喉眼科

该科主要诊治耳、鼻、喉、眼科常见病、多发病及某些疑难病。临床坚持以中医为主的中西医结合诊治思路，继承传统，融汇新知，充分发挥中医学的优势，突出中医特色，内治与外治配合，中药与针灸兼施，为患者提供简、便、廉、验的优质服务。擅长治疗过敏性鼻炎、鼻窦炎、外耳道湿疹、中耳炎、耳鸣耳聋、咽喉炎、扁桃体炎、结膜炎、角膜炎、视疲劳等疾病，其效果显著。

6. 儿科

儿科诊室依托中医学院儿科教研室，由学术带头人带领儿科团队为儿童的健康保驾护航。诊疗特色如下：

（1）小儿病症推拿：这种绿色疗法越来越受到家长们的欢迎，它可以替代部分化学药品，增强小儿的抗病能力，减少化学药品的毒副作用。少打针、少吃药，摆脱滥用抗生素的困扰,早一天信赖,宝宝早受益。常见疾病推拿:咳嗽、哮喘、发烧、反复感冒、鼻炎、积滞、呕吐、厌食、腹泻、便秘、腹痛、夜啼、小儿多动症、抽搐症、小儿脑瘫、癫痫、五迟五软等。

(2)小儿保健推拿:开展小儿健脾和胃、提高小儿免疫力、小儿健脑益智、助小儿长高、小儿减肥等保健推拿项目。

(3)小儿脐贴:中医称神阙穴,具有渗透性强、吸收力快等特点,治疗小儿腹泻、腹痛、厌食、积滞、疳证、遗尿、反复感冒、小儿咳喘、多汗、遗尿等病症。

(4)艾灸肚脐:具有温通经脉、理气祛寒的作用,同时具有抗病强身保健的作用,对小儿虚寒性腹泻、腹痛、呕吐、五迟五软等病有很好的疗效。

(5)肚脐拔罐:肚脐拔罐可治疗小儿哮喘、痢疾、久泻、荨麻疹、过敏性鼻炎等,还可增强小儿机体的免疫功能,增加食欲。

(6)"三伏贴"和"三九贴":"三伏贴",以"冬病夏治"为原理,在三伏天将中药敷贴在特定穴位上治疗秋冬发作的疾病,针对的是小儿过敏性鼻炎、慢性鼻窦炎、咽喉炎、哮喘、咳嗽、慢性支气管炎等疾病。"三九贴",巩固"三伏贴"的疗效,控制疾病的发作,针对的是小儿过敏性鼻炎、咳喘、反复感冒、慢性咳嗽、慢性鼻炎、慢性鼻窦炎、慢性咽喉炎等疾病的治疗和预防。

7. 治未病科

依托大学针灸推拿学院和基础医学院,发挥学校人才优势,在国医堂治未病诊区的基础上,开展穴位贴敷规范化治疗及膏方的个性化配方研究,提供简便的中医健康干预方法。治未病科大力推广中医药适宜技术,整合针灸、拔罐、刮痧、艾灸、耳穴刺络等中医药适宜技术,开展隔蒜灸、隔附子饼灸、

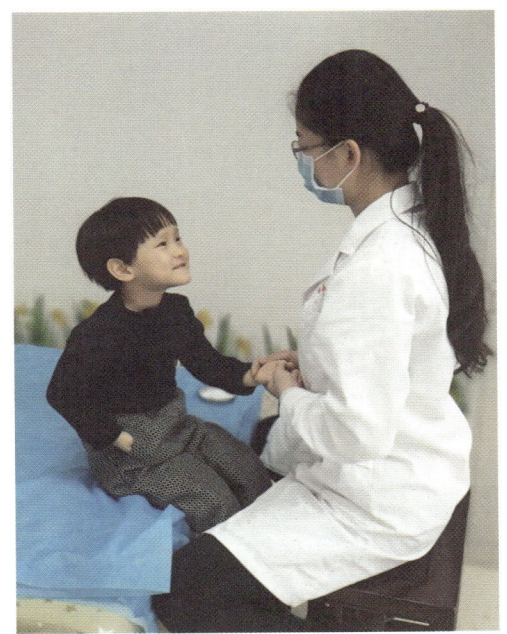

图9-9 小儿推拿

雷火灸,制定中医特色保健方案,广泛开展养生保健指导,充分发挥中医"治未病"优势,达到了很好的效果,并将成果应用于基层社区中医健康服务。

8. 老年病科

以老年病科为主,向基层社区提供中药健康养老服务。同街道办事处及社区居委会联系合作,以签订医疗契约的形式向老年人进行一对一的养老健康服务及咨询。开展老年病和慢性病中医药防治工作,依托学校,将国医堂建设成为中医药健康养老服务实训基地,加强相关专业人员的技能培训。

9. 康复科

以康复科为主导,打造具有中医内涵的康复服务,配备康

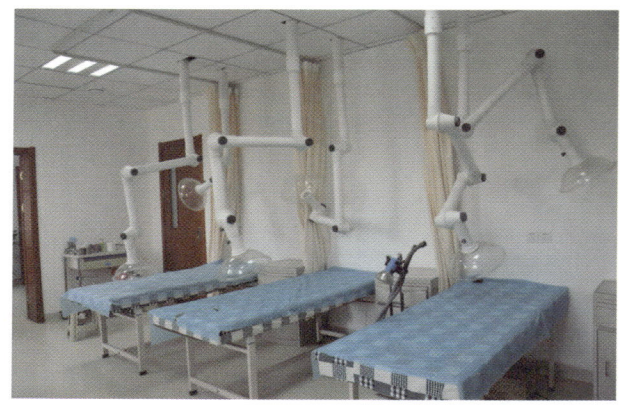

图 9-10　国医堂治未病科室

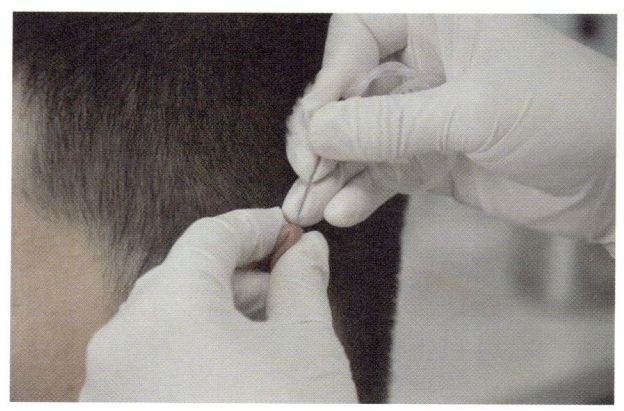

图 9-11　治未病科之耳穴刺络

复器材及相应人员，拓展各类康复服务手段。在国医堂自身建立好康复科的同时，完善中医康复服务规范，建全相关管理制度。同时与特教、康复中心等社会机构合作，在硬件条件允许的情况下，将康复训练服务到家、到个人，使中医药文化深入人心。

图 9-12 治未病科之艾灸

10. 药房

药房是国医堂服务患者的关键环节，平时看病人数多，工作量大，药房的工作人员戒骄戒躁，明确分工、互相帮助，认真抓药、分药，既提高工作效率又保证患者拿到的药准确无误，保证患者吃到放心药。

现有中药饮片品种500余种，免煎颗粒剂300余种。长期以来坚持维护人民健康，始终以患者为中心的服务宗旨。国医堂在药品质量方面投入了大量的人力物力，定期进行中药饮片招标，邀请河北省著名中药鉴定专家对中药饮片进行质量把关，以确保药品的安全有效，努力创造以"道地药材、优质药品"为药品特色，以"专业的人员和一流的服务"为服务特色的品牌中药房。

中药房设有中药饮片调配室、颗粒室。

国医堂还专门设有标准化中药饮片库房和现代化煎药室，进一步提升了饮片存储的能力，增强了国医堂的服务能力。

图 9-13　国医堂中药调配室

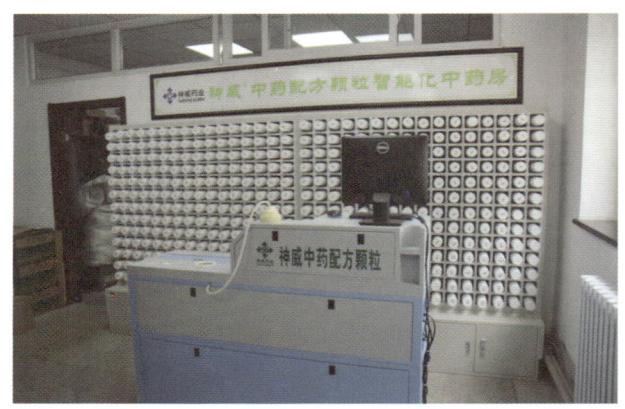

图 9-14　国医堂颗粒室

五、大医精诚　仁术含灵

河北中医学院国医堂专家团队众多，特色突出，由国家级名中医、省级名中医，主任医师、副主任医师、博士生导师、硕士生导师为主应诊。

图9-15 国医堂中药饮片库房

图9-16 国医堂煎药室

(一) 国医大师李士懋团队

李士懋（已故），国医大师，教授，主任医师，北京中医药大学博士生导师，中国中医科学院第一批传承博士后导师，曾任中华中医药学会内科学会委员会委员，国家药品审评专家，第二、三、四、五批全国老中医药专家学术经验继承指导教师，"河北省首届十二大名中医"。曾获河北省科技厅科技进步三等奖一项，获河北中医药学会著作一等奖一项、获国家三、第四批优秀传承导师奖二项、主持国家十一五、十二五支撑计划课题各一项。与田淑霄教授出版学术专著13部，已发表学术论文百余篇。

擅长诊治：临床坚持以脉诊为重心的平脉辨证思辨体系，诊治特色以心脑血管疾病、急性热病等为主。

团队成员：王四平、张明泉、杨阳。

图9-17 国医堂李士懋教授

（二）国家级老中医药专家团队

1. 赵玉庸团队

赵玉庸，男，河北中医学院教授，主任医师，博士生导师，河北省首届十二大名医，享受政府特殊津贴，第二、三、四、五批全国中医药专家学术经验继承工作指导教师，为国家中医药管理局、河北省名中医传承工作室建设项目对象。主持省级和厅级科研课题多项，获省厅级科技进步奖6项；著有

《中西医结合内科学》《内科临床指南》等著作20余部,发表学术论文50余篇。

擅长诊治:原发性肾脏疾病(急慢性肾炎、肾病综合征、IgA肾病等)、继发性肾脏疾病(紫癜性肾炎、糖尿病肾病、狼疮性肾炎、乙肝相关性肾炎等)、肾衰竭、肾小管间质疾病、尿路感染、尿路结石等肾脏疾病,及其他内科常见、疑难疾病。

团队成员:丁英钧、潘莉。

图9-18　国医堂赵玉庸教授

2. 刘保和团队

刘保和,男,河北中医学院教授,主任医师,1980年全国首届中医研究生,第五、第六批全国老中医药专家学术经验继承指导老师,全国第三批优秀中医临床人才指导老师,广州中医药大学第一附属医院"广州经方班荣誉讲师"。擅长脉诊与腹诊,主张运用方剂应"抓主症",从而使方剂的疗效经得起重复,较大程度地提高了中医辨证论治水平。

擅长诊治:目前着重研究癌症的治疗,不使用一般所谓的"抗癌"中药,而是在《金匮》"大气一转、其气乃散"的理论指导下，采取斡旋气机、升降阴阳的方法，对各类中晚期癌症单纯用中药治疗取得了满意疗效。

团队成员：曹丽静。

图 9-19　国医堂刘保和教授

3. 薛芳团队

薛芳，男，河北中医学院教授，主任医师，河北省十二大名中医，享受国务院特殊津贴专家，第六批国家老中医药专家学术经验传承工作指导老师，荣获全国优秀教师称号，河北省中医药学会常务理事，内科学会副主任。将中医学整体观念和辨证论治的基本特点贯穿于《中医内科学》《温病学》和《方剂学》的教学过程，强调在诊疗过程中充分重视人的有机整体性，同时结合四时气候、地土方宜、周围环境对疾病的影响，予以针对性的治疗；强调把握同病异治、异病同治的特点，运用大承气汤治疗急性呼吸窘迫综合征、柯兴氏综合病症的临床研究丰富了中医学的内容，为治疗疑难病症做出了贡献。发表学术论文 50 篇，科研课题分别获得河北省科技进步三等奖 2 项，获河北省卫生厅甲级、二等、三等成果奖 4 项，主编《中国药物大全·中药卷》等著作 3 部。诊治中发挥中医理论治疗疑难重危病症的优势,保持中医特色,替代或弥补现代医药的缺陷和不足。

擅长诊治:高血压病、冠心病、心律失常、心肌病、慢性肺源性心脏病、心力衰竭等疾病。

团队成员:周爱民、靳红微。

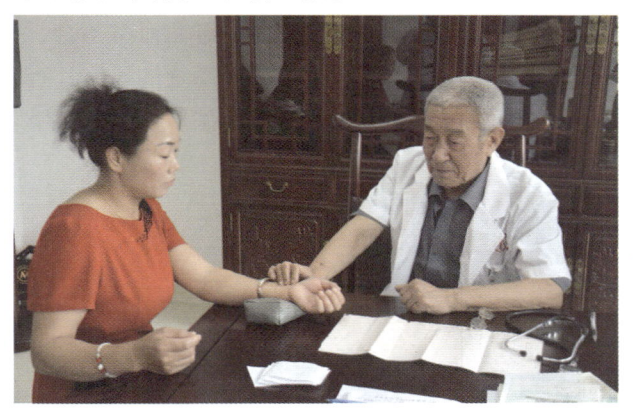

图9-20　国医堂薛芳教授

4. 杜惠兰团队

杜惠兰,女,医学博士,二级教授,主任医师,博士研究生导师,第六批国家老中医药专家学术经验传承工作指导老师,师承全国著名中医妇科专家顾小痴教授、哈荔田教授和国医大师刘敏如教授,2000年至2001年在国外做访问学者研究生殖内分泌。中国中西医结合学会常务理事、国务院学位委员会第六届学科评议组中西医结合组成员、全国博士后管委会第七届专家组(中医、中西医结合组)成员,中华中医药学会妇科分会副主任委员、世界中医药学会联合会妇科专业委员会副会长、中国中西医结合学会妇产科专业委员会和生殖医学专业委员会副主任委员、全国妇幼健康研究会中医药发展专业委员会副主任委员、中国民族医药学会妇科专业委员会副会长、中国中医药研究促进会妇产科与辅助生育分会副主任委员、中国医师协会中西医结合医师协会理事、河北省中西医结合学会妇产科专业委员会主任委员、河北省中医药学会妇科分会主任委员、国际传统与现代生殖医学协会副主席等职,全国首届杰出女中医师。

擅长诊治:对功能失调性子宫出血、不孕症、子宫内膜异位症、多囊卵巢综合征、慢性盆腔炎、母儿血型不合、外阴白色病变等疑难病及妇科寒证进行了深入系统的研究,有独特的疗效及治疗心得,在全国中医妇科界产生了较大的影响。

团队成员:张拴成、班光国。

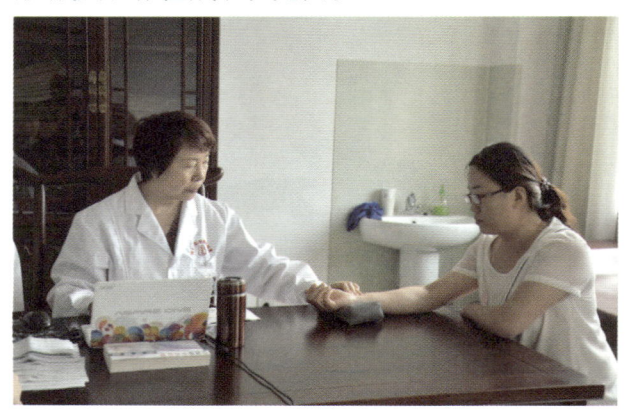

图9-21 国医堂杜惠兰教授

5. 贾春生团队

贾春生,男,教授,主任中医师,研究生导师,国家中医药管理局针灸学重点建设学科带头人,第六批国家老中医药专家学术经验传承工作指导老师,河北省第四批老中医药专家学术经验继承工作导师。世界针灸联合会舌针专业委员会副主任、穴位贴敷疗法专业委员会副主任,世界中医药学会联合会中医手法专业委员会常务理事,中国针灸学会理事,中国民间中医医药研究开发协会常务理事及特种灸法专业委员会主任,中国针灸学会刺法灸法分会常务理事,河北省针灸学常务副会长,河北省针灸学会特种针法灸法专业委员会主任等。发表学术论文60余篇,译文16篇,参加编写的本专业的学术著作12部,参加编写了本科及研究生的全国规划、精编、创新和实训教材19部,其中主编3部,副主编8部,编委10余部,主持国家自然科学基金2项和参与国家级与省部级科研项目10余项。临床擅长用针灸及中药治疗多种疑难病症。

擅长诊治:顽固性偏头痛、顽固性失眠、抑郁症、风湿及类风湿性关节炎、膝骨关节炎、颈椎病、腰椎病、中风后遗症、顽固性皮肤病等疾病、慢性胃肠病等,擅长用毫针、耳针、火针、刺络放血拔罐、穴位注射、穴位贴敷、头针、舌针、特种灸法,针对顽固性疾病多采用综合针灸疗法。

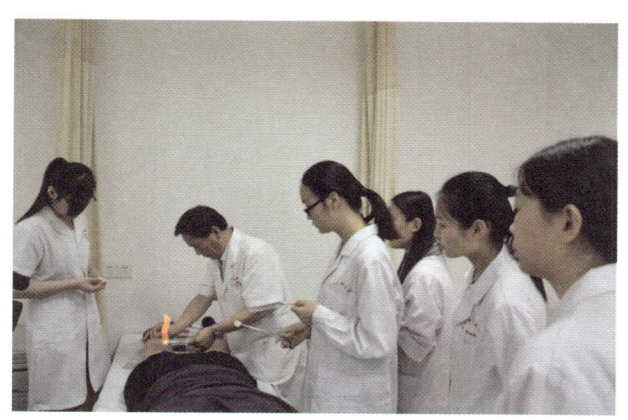

图9-22 国医堂贾春生教授

团队成员:李晓峰、邢海娇。

6. 阎艳丽团队

阎艳丽,女,教授,主任医师,硕士生导师,出身中医世家,河北省第二、四、六批中医药学术继承工作指导老师。从事中医临床、教学、科研40余年,发表学术论文60余篇,主编、参编出版学术著作 10 部，获科研奖励多项，其中省级 2 项，厅级 9 项。临床特点突出表现为谨守病机贵在调，探求病因重痰瘀，恰当祛邪毋伤正，因人制宜究体质。长期从事中医内（儿）科疾病的诊治，善用经方，并旁参诸家，融理、法、方、药于一体，对常见病、多发病及某些疑难病疗效满意。对乙肝及病毒性心肌炎从实验到临床都进行了较深入研究，积累了较多经验。治疗乙肝疏肝勿忘养肝、治肝勿忘健脾、理气勿忘化瘀、祛邪勿忘扶正，创制和肝汤，长期应用疗效显著。治疗病毒性心肌炎益气养阴，化浊宁心，在传统方基础上创制心肌康疗效可靠。以传承中医之德、技、魂为己任，多年来对中医本科生、研究生、学术继承人及河北省历届基层中医技术骨干、杏林工程、西学中人员一贯坚持专业思想、经典思维、方证运用、医德修养四传承。培养硕士生 7 名，继承人 4 名。

擅长诊治：肝病、脾胃病、咳喘病、心血管病、亚健康、抑郁症。

团队成员：杨旭杰、师旭亮、马惠荣、宋晓宇。

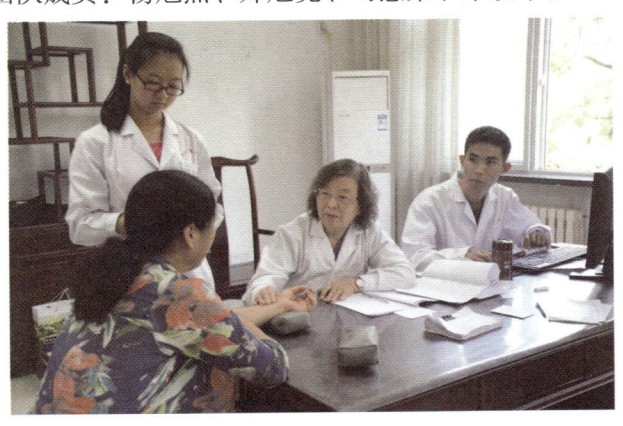

图 9-23　国医堂阎艳丽教授

(三) 省级老中医药专家团队

1. 王春芳团队

王春芳,女,教授,主任医师,河北省第二批老中医药专家学术经验继承指导教师。多年来运用中西医两法诊治妇科常见病多发病及疑难重症,承担省部级科研课题5项,撰写论著、新世纪规划教材10部,发表论文20多篇。擅长诊治多种妇科疾病和内科杂病。

擅长诊治:不孕不育症、多囊卵巢综合征、月经不调、崩漏、痛经、闭经、更年期综合征、卵巢功能早衰、子宫内膜异位症、先兆流产、流产(药流、人流)合并感染及月经紊乱、妇科炎症、外阴瘙痒、痤疮、盆腔瘀血综合征、乳腺增生等。

图9-24 国医堂王春芳教授

2. 李春香团队

李春香,女,教授,中西医结合临床博士学位,硕博导师,河北省中医药专家学术经验继承指导老师,曾师从田淑霄、赵玉庸等老师随诊。主编、参编著作有《妇科金方》《常用中药临证指要Ⅰ、Ⅱ》等10余部,以第一作者或通讯作者发表学术论文40余篇。在30余年的临证中,遵循中医肾"主封藏",为"水火之宅"传统理采用辨病辨证相结合,给予纯中药调理肝脾肾,治疗内分泌失调性疾病,尤其在"内分泌失调性不孕症"方面,擅长采用辨病+辨证+激素指标相结合分型,进行调理肝肾法。

擅长诊治：妇科病——卵巢囊肿（巧克力囊肿）、子宫肌瘤、月经不调、闭经、卵巢早衰、多囊卵巢综合征、不孕症、带下、痛经（腺肌症）、崩漏（子宫内膜单纯性增生）、乳少、产后身痛，乳腺增生病，甲亢、甲减、甲状腺炎及过敏性哮喘、过敏性鼻炎等。

图9-25　国医堂李春香教授

（四）中医优秀人才队伍

佘延芬，女，教授，双医学博士学位（针灸推拿专业、中医临床专业），硕士生导师，第四批全国中医基础优秀人才研修项目培养对象，国家中医药管理局针灸学重点建设学科后备学科带头人。国家第四批名老中医经验继承人，师承田淑霄教授。世界中联痧疗罐疗专委会副会长，中国针灸学会耳穴专业委员会常务委员，中华中医药学会内病外治专业委员会委员，河北省针灸学会理事，河北省针灸学会刮痧专业委员会主任委员，河北省针灸学会减肥与美容专业委员会副主任委员。目前承担国家级课题2项，省部级课题2项，课题获省科技进步三等奖2项，省中医药学会科技进步奖一等奖3项。主编新世纪全国高等中医院校创新教材《刮痧疗法》，以第一作者或通讯作者发表学术论文 30 余篇，发明耳穴刺络针专利，2007年获石家庄市青年拔尖人才称号。擅长针灸和药物结合治疗妇科病、皮肤科病、内科病、五官科病症等。

擅长诊治：妇科病——卵巢囊肿（巧克力囊肿）、子宫肌瘤、月经不调、闭经、卵巢早衰、多囊卵巢综合征、不孕症、带下、痛经（腺肌症）、崩漏（子宫内膜单纯性增生）、乳少、产后身痛，皮肤病——痤疮、银屑病、黄褐斑、神经性皮炎、过敏性皮炎、风疹、湿疹、脂褐疣等。

图 9-26　国医堂佘延芬教授

吴中秋，男，医学博士，河北中医学院教授，硕士研究生导师，第四批全国中医基础优秀人才研修项目培养对象，第四批全国名老中医药专家学术经验继承人（中医妇科专业），世界中医药学会联合会中医手法专业委员会理事，欧洲络病学会第一届理事会副会长，河北省中医药学会中医妇科委员会常委，河北省针灸学会常务理事，河北省针灸学会经筋诊治专业委员会副主任委员，河北中西医结合学会理事，河北省反射学会理事，河北省中医药学会温热病专业委员会常委，国家职业技能鉴定保健按摩师考评员，全国亚健康专业调理机构服务水平星级评审委员会委员,河北省养生行业协会特聘专家,《中国临床医生》杂志特邀编委等。主研及参研课题20余项,以第一或通讯作者身份发表科研论文40余篇;参编教材4部,其中副主编一部;出版著作6部,其中主编1部,副主编1部。

擅长主治:主治范围:不孕不育、卵巢早衰、月经病(月经先期、月经后期、月经先后无定期、月经过多、月经过少、经期延长、痛经、闭经、经间期出血、崩漏等)、带下病(阴道炎、宫颈糜烂、盆腔炎等)、多囊卵巢综合征、乳腺增生、子宫肌瘤、产后缺乳、更年期综合征、黄褐斑等妇科疾病;失眠、抑郁、脾胃失调等内科疾病。

图9-27 国医堂吴中秋教授

(张瞳 整理)

地址:河北省石家庄市桥西区新石南路326号

"河北中医学院门诊部"微信

山西广誉远国医馆

一、传承经典 百年老店

广誉远始创于明嘉靖二十年（1541年），距今已有近五百年的历史，其间历经广盛号药店、广升聚、广升蔚、广升誉、广升远、山西中药厂、山西广誉远等十几个商号药厂更迭，在清代曾与广州陈李济、北京同仁堂、杭州胡庆余堂并称为"四大药店"，现在是山西省中药企业典范，并在2006年成为首批被中华人民共和国商务部认定的"中华老字号"企业。广誉远主导产品"龟龄集"和"定坤丹"现为国家级保密品种，"龟龄集""定坤丹"和"安宫牛黄丸"被中华人民共和国国务院认定为国家级非物质文化遗产产品。

创新是社会的呼唤。在广誉远掌门人郭家学先生的带领下，广誉远不断审时度势，果断打破陈规，探索出一条全新的医药结合发展道路。2013年，广誉远正式开始实施"百家千店"及"名医名药"战略工程，旨在将传承百年的经典国药推向更为广阔的天地。

智慧的火花来自智者之间的碰撞。山西广誉远有限公司段勇山董事长独具慧眼，以他的睿智和果敢达成了与知名中医专家门九章教授之间的合作，至此，山西广誉远国医馆应运而生，并以破竹之势迅猛发展。

历史的车轮碾过近500年，从广昇号，到广升誉，再到广誉远，无数的跌宕起伏，使今日厅堂上的匾额更加弥足珍贵。"非义而为，一介不取；合情之道，九百何辞"的古训告诫和鼓舞着一代又一代的广誉远人，这份光荣而厚重的精神遗产，穿透了历史的成功，也必将贯彻着未来的征程。

创新是社会的呼唤。在广誉远掌门人郭家学先生的带领下，广誉远不断审时度势，果断打破陈规，探索出一条全新的医药结合的发展道路，将传承百年的经典国药推向更为广阔的天地。

图 10-1　广誉远国医堂正门

2015年10月，在段勇山董事长的亲自操作下，聘请了山西著名设计师按照"修旧如旧，最小干预"的原则，结合古建筑风格，全方位设计，隆重进行了开工奠基仪式。为保证施工质量，专门聘请施工监理单位，在二次修缮中以现有土木建筑为基础，更换了百余年来的朽柱。为防止倒塌，采取了最先进的"偷梁换柱"工艺，所有的砖瓦石块，均是从平遥、祁县、介休、山东等地购回的仿古材料。在木结构上，购置了加拿大红木材质，所有室内墙壁采取四层工艺施工，古意盎然，精美绝伦，其修葺之艺术赢得了省文物局的认可。太原市耿彦波市长先后四次到馆视察，给予了很高的评价。

太原广誉远国医馆历时两年的发展，现占地约1000平方米，目前，国医馆有两个贵宾诊室，七个门诊诊室，于偏院建设了雅致的木质结构二层小楼，有五个理疗诊室及熏蒸室、沙疗室，综合VIP候诊室、挂号室、收银、药房、煎药房、药库等为患者提供专业的中医诊疗服务，目前太原广誉远国医馆月均患者人次约3500人。

随着广誉远"百家千店"计划的不断落地，山西广誉远相继在太原、原平、忻州、平遥、大同等地建立国医馆。各分馆的建立，不仅在地理位置上占据了得天独厚的优势，在专业技术方面也逐渐成为行业中的佼佼者。未来，山西广誉远将进一步在古交、长治、吕梁等全省范围内开设分馆，为更多的百姓服务。

精诚大医、道地药材、一流的管家式服务，广誉远作为现存历史最悠久的中药企业，将以全新的企业经营方法、管理模式，为百年老字号的发展，为中医药文化的传承，贡献出这一代广誉远人的力量！腾飞的广誉远，正张开怀抱，期待世人领略它的风采。

二、方精药简　馆长风采

门九章，医学博士，山西中医学院教授，主任医师，博士生导师，国务院特殊津贴专家，首届"山西名医"，全国首批中医学术流派"山西门氏杂病流派"学术带头人，全国首届百名中医科普专家、全国百名杰出青年中医、山西省跨世纪杰出青年人才，山西省重点学科带头人，山西省跨世纪中医内科专业学科带头人，山西省药品审评专家……尚不满花甲之年的门九章教授有太多的荣誉称号，但他最喜欢的称谓是"老师"和

"大夫"，一生矢志中医的传承与教育工作。

门九章先生于 1992 年考入黑龙江中医大学攻读硕士、博士学位，是著名中医临床家门纯德先生四子，家学颇深，并长期从事中医临床、教学及科研工作，具备深邃的理论素养和扎实过硬的科研、组织协调能力，学验俱丰，在运用中医药防治疑难病的方证经验研究方面取得了突出成绩。临床实践中，注重人体功能及方

图 10-2　门九章馆长

证、药证经验与方证、药证规律的研究，创拟了"方精药简、联合方组"的整体治疗方案，提高了慢性疑难疾病的治疗效果，尤其是对心脑血管病、肾病、慢性肝病等疑难杂证的中医整体治疗，颇具见地，深受赞誉。近年来，门九章教授先后在国家级学术刊物发表论文 50 余篇，专著 4 部，承担了多项国家及省级课题。

如何更好地传承与发展中医，是门九章教授一直不断思索问题。他相信，中医最强的生命力在民间。广誉远有着五百年的历史，是国家的瑰宝，是中医药的瑰宝，与广誉远的结合，门九章教授看到了希望，也更坚定了使命。

"医者之心，师者之志，寄望广誉远国医馆成为：传承中医人才培养的摇篮，名家学派学术交流的平台，精品服务百姓信赖的中医之家。"这不仅是对广誉远的寄托，更是对中医事业的寄托，这是门九章先生内心最真实的写照。

三、精诚大医　誉满三晋

广誉远国医馆特邀省内数十名中医专家、中医世家继承人齐聚馆内治病救人，服务百姓，馆内目前拥有以下名医资源：国医大师两位、全国名中医一位、国家级中医流派两个（门氏杂病流派、王氏妇科流派）、全国名老中医药专家学术经验继承工作导师9名，主任医师23名，副主任医师20名，医师10名。以下为部分医生介绍：

图10-3　王世民名誉馆长

名誉馆长——王世民

国医大师；

国务院特殊津贴专家；

主任医师，教授，中药师，硕士研究生导师。

【擅长治疗】

［中医内科杂病］心悸、呕吐、胃痛、眩晕、中风、黄疸、自汗、盗汗等；

［男科疾病］阳痿、早泄、遗精、肾虚、前列腺疾病等；

［药膳养生］皮肤暗沉、肥胖、痛经、肾虚、气血不

和等。

图 10-4 贾六金教授

贾六金

全国名中医；

主任医师，教授，博士生研究生导师；

第三、第五批全国名老中医药专家学术经验继承工作导师；

国家中医药管理局确定的全国名老中医药专家传承工作室专家。

【擅长治疗】

［儿科呼吸系统疾病］感冒、发热、咳嗽、哮喘、扁桃体炎、支气管炎、肺炎等；

［儿科消化系统疾病］食积、消化不良、呕吐、呃逆、便秘、腹泻等；

［儿科杂病］小儿遗尿、腮腺炎、过敏性紫癜、湿疹等。

门九章

介绍略。

【擅长治疗】

［各类常见病］呼吸系统疾病、消化系统疾病、妇科疾病等；

［疑难杂病］肿瘤、急慢性肝、肾疾病及多种变态反应性疾病等。

门军章

教授，主任医师，硕士研究生导师；

国家首批中医学术流派"门氏杂病流派"代表性传承人。

【擅长治疗】

［周围血管疾病］血栓性静脉炎、动脉硬化闭塞症，糖尿病周围血管神经病变等。

［心脑血管疾病］心血管动脉硬化、心肌梗死、冠心病、心肌供血不足等，脑出血、脑梗死、脑堵塞、脑血管硬化、脑血管瘤、脑血栓、脑血管畸形等。

［消化系统疾病］胃痛、腹痛、痢疾、胁痛等。

［皮肤病］皮疹、风疹、荨麻疹等多种皮肤病，尤其擅长治疗银屑病等。

王金权

主任医师，教授，硕士研究生导师；

国家级非物质文化遗产"平遥王氏妇科"代表性传承人；

全国第一批国家级学术流派三晋王氏妇科流派工作室负责人；

中国中医药学会妇科流派分会副会长。

【擅长治疗】

尤其擅长治疗各种原因引起的不孕症。

［妇科常见疾病］月经不调、痛经、崩漏、白带异常、不

孕不育、滑胎、产后乳少、更年期综合征、乳腺疾病、妇产科杂病等。

［妇科肿瘤疾病］子宫肌瘤、卵巢囊肿、输卵管阻塞、排卵功能障碍等。

［妇科炎症疾病］盆腔炎、宫颈炎、阴道炎等。

邢维萱

主任医师，教授；

山西省优秀专家；

中华全国中医学会妇科委员会委员；

山西省卫生系统高级技术职称评审专家。

【擅长治疗】

［妇科常见病疾病］月经不调、痛经、不孕症、习惯性流产、产后调理等；

［妇科肿瘤类疾病］卵巢囊肿、子宫腺肌病、多囊卵巢综合征、子宫肌瘤、更年期综合征、经期感冒等；

［妇科炎症性疾病］阴道炎、盆腔炎等。

文洪

主任医师、教授、硕士研究生导师；

山西省优秀专家；

全国名老中医药专家传承工作室专家；

全国老中医药专家学术经验继承工作指导老师；

首席中西医结合脑病专家；

中华中医药学会对外交流与合作分会委员；

山西省中西医结合学会老年医学专业委员会常委员。

【擅长治疗】

［疼痛类疾病］针药结合治疗各类疼痛，如：牙痛、头

痛、颈肩疼痛、腰腿疼痛等；

[内科疾病] 针药结合治疗中风、面瘫、中风后遗症、三叉神经痛及相关疾病等。

侯振民

教授，主任医师；

全国优秀中医临床人才研修班及全国老中医学术继承工作指导老师；

山西中医学会内科专业委员会常务副主任；

中国北方老年医学研究会副理事长等。

【擅长治疗】

[内科疾病] 偏瘫、面瘫、哮喘、失眠、腹痛、消化不良、咽炎、梅核气等；

[骨关节疾病] 老年骨质疏松类、风湿性关节炎、颈椎病、腰椎病等；

[妇科疾病] 不育、不孕、痛经、月经不调等。

白兆芝

主任医师，教授，博士生导师；

第四批全国老中医药专家学术经验继承工作指导老师；

全国名老中医药专家传承工作室专家；

中华中医药学会脾胃病专业委员会主任委员。

【擅长治疗】

[肠胃疾病] 消化不良、便秘、腹泻、胃炎、胃溃疡等；

[肝胆疾病] 胆囊炎、胆结石、肠炎、脂肪肝、肝功能异常、肝纤维化等；

[其他] 内科疑难杂病、肿瘤放化疗和术后的调治、肾病等。

孙健民

主任医师教授；

山西省名中医；

从事中医临床工作40年，具有丰富的临床经验。

【擅长治疗】

［内科疾病］肝胆、脾胃病，妇科、儿科、皮肤疾病及各种疑难杂症，疗效独特，在患者中享有良好声誉。

张德贵

主任医师，硕士研究生导师；

吕梁市中西医结合学会副理事长；

吕梁市中西医结合高血压糖尿病研究所所长。

【擅长治疗】

［心血管疾病］高血压、冠心病、顽固性心律失常、心力衰竭、高脂血症等；

［内分泌疾病］糖尿病及其并发症等；

［呼吸系统疾病］哮喘、慢性支气管炎、扁桃体炎、肺炎、虚人感冒等；

［中医儿科疾病］小儿反复呼吸道感染、小儿脾胃病等。

吕康

主任医师，教授；

中国中西医结合学会耳鼻喉科分会理事，中华声学会委员。

从事耳鼻咽喉专业工作30年，对耳鼻喉科疑难病症诊断及治疗经验丰富，方法独到。擅长咽喉炎、嗓音疾患、各种鼻炎、鼻窦炎、鼻息肉、耳鸣、耳聋等顽症的治疗，对耳鼻喉科急危重症的救治、扁桃体炎、突发性耳聋颇有研究。

【擅长治疗】

[耳部疾病] 耳聋、耳鸣、耳硬化症、晕动病、中耳炎、梅尼埃病（美尼尔症）、耳廓假性囊肿、先天性耳前瘘管、外耳道真菌病等；

[鼻部疾病] 鼻疖、酒糟鼻（酒渣鼻）、鼻息肉、慢性鼻窦炎、慢性鼻炎、过敏性鼻炎、萎缩性鼻炎等；

[咽部疾病] 扁桃体炎、咽异感症、慢性咽炎、急慢性咽喉炎、急性会厌炎等。

李琳荣

教授，主任医师，硕士研究生导师；

国医大师吕景山学术继承人；

山西省教学名师；

中华中医药学会中医诊断学分会常委；

山西省教育厅党组联系的高级专家。

【擅长治疗】

[呼吸系统疾病] 感冒、发热、咳嗽、哮喘、肺炎、反复扁桃体炎、鼻炎等；

[消化系统疾病] 食积、厌食、消化不良、呕吐、呃逆、腹泻、便秘等；

[妇科疾病] 更年期综合征、月经不调、痛经、带下病、产后缺乳等妇科杂病。

[其他疾病] 头痛、失眠、眩晕、心悸、汗出异常、痤疮、湿疹、荨麻疹等。

四、道地药材　精益求精

近五百年来，广誉远为了保证极致中药的质量，精益求精严选道地药材，至今谨遵古法炮制，其古法炮制也被评为国家非物质文化遗产。

中药历来讲究"道地药材""药出州土"，这是说作为植物精华的中华药材，长期在特定的气候条件和土壤条件等环境中形成其特殊性，不同产地所生产的药材，所含有效成分也有所差异，对药物的功效也有着一定的影响。这也是广誉远发展五百年来，一直坚持用道地药材、古法炮制的理由。

产地区别同一种药，由于产地不同，因受土壤、气候等自然条件影响，所含有效成分也不完全相同。例如，流传千年之久的传统中药六味地黄丸，尽管六味药材是固定的，但是选用哪里出产的药材在行家眼里就代表着药效的区别：作为六味药材中君药（主药）的地黄以河南产为品质最好——河南历来盛产四大怀药，其中就有怀地黄和另一味药材怀山药，而另一味山茱萸，又以河南伏牛山出产为最佳，八百里伏牛山历来就有"天然药库"的美誉，我国的山茱萸每年更是有80%的产量都出产于此。而根据《本草纲目》中的记载，六味地黄丸中另一味药材泽泻，也是"生汝南池泽"，汝南即今河南省汝南县。

中医用药最讲究道地，只有最佳的药料才能生产出最佳的药品，因此广誉远精选道地药材，从采购、库存、运输、上柜、抓药等多道程序把关，确保产品质量。

五、健康管家　服务为先

1. 管家服务

说起广誉远国医馆，患者最先想到的必然是那一句温馨问候，一个微笑，一杯暖茶。患者进馆之后，从咨询、挂号、就诊、缴费、抓药到复诊一系列看诊流程均由持有国家健康管理师资格证的健康管家提供服务，对于会员、老人、孕妇、孩童及行动不方便的患者，健康管家提供全程陪同服务，协助就诊，为患者解决不时之需，保证患者安心就诊。

太原广誉远国医馆现已接待患者逾 7 万人次，其中会员约有 450 位，广誉远国医馆会员服务如下：

拥有广誉远国医馆会籍可尊享以下权益：（1）北京/太原知名三甲医院特需服务（免费）；（2）山西知名体检机构深度体检套餐（免费）；（3）国医馆名老中医体质辨识（免费）；（4）会员专享价格及尊贵服务（尊享）；（5）尊享会员和家庭健康评估及健康管理（免费）。

2. 社区义诊

联合附近社区，校园，举办系列义诊活动，邀请名老中医为附近居民免费义诊，并给出日常调理建议，以服务百姓。

3. 中医讲堂

在医馆内外举办中医相关健康讲座，邀请患者或中医爱好者参加，讲座内容包括国学课程、中医知识介绍、养生方法介绍、八段锦教学、太极拳教学等。

六、特色理疗　非遗传承

广誉远理疗中心是上下两层木质结构的建筑，一楼主要为传统理疗项目，如刮痧、拔罐、推拿、艾灸、针灸等，二楼为 VIP 区域及特色理疗区域，可以体验国家级非物质文化遗产七彩沙疗、中药熏蒸、反射疗法等特色理疗。现有外聘专家 8 人，技师 6 人。

七彩沙疗：是一项功效性的中医理疗养生项目。运用专利配方的"温热药沙"敷裹全身，全面调节体温，同一时间刺激人体所有经络，调动人体所有气血循环，活血化瘀，驱湿驱邪，通经活络，温补阳气，均衡脏腑，全面调理亚健康。

中药熏蒸：中药熏蒸舱通过数字智能化控制恒温，将为患者病情辨证配制的中药药液加温为中药蒸汽，利用中药蒸汽中产生的药物离子，对皮肤或患部进行直接熏蒸，根据皮肤具有吸收、渗透、排泄作用的特性，通过药物离子对全身皮肤、穴位、孔窍的吸收渗透，达到疏通经络、调和气血，使肌体内毒外出、扶正祛邪，最终达到治愈疾病的目的。

反射疗法：反射疗法，是一种通过对全身各个反射点、反射区施以按摩手法，刺激反射区，从而调整脏腑虚实，疏通经络气血，以预防或治疗某些疾病的方法，可治疗各种功能性疾病，效果显著。如神经系统疾病、内分泌系统疾病、消化功能及新陈代谢失调、循环系统疾病等。

七、恪守馆训　修无见　仁天知

广誉远国医馆馆训

修无见，仁天知。数百年经验传承，浓缩的不仅是药之文明和医之精神，更是我们中华文化且深且重。医者之心，师者之志，寄望广誉远国医馆成为：传承中医人才培养的摇篮，名家学派学术交流的平台，精品服务百姓信赖的中医之家。

——门九章先生

广誉远数百年来始终如一地坚守着"修合虽无人见，存心自有天知"的古训，在广誉远国医馆这一名医与患者齐聚的前沿阵地，馆长门九章先生于2016年书写了广誉远国医馆馆训，字字珠玑，饱含了对中医药事业的热爱和对广誉远传承工作的热忱。

（一）传承中医人才培养的摇篮

广誉远国医馆重视人才培养和传承，与高校联合，建立人才培养基地，恢复中华文明中师徒传承的文化精髓，为每位专家配备至少两位医师助理，医师助理全程跟诊，协助专家处理问诊工作,深入了解患者诊疗需求;同时经过系统化培训,深入学习相关知识。

广誉远国医馆现已培养广誉远弟子26名,其中17位成为一线工作人员,如医师或理疗技师,其他9位成为广誉远国医馆建设所必需的管理型人才。

另外,广誉远国医馆现已建设两个传承工作室,分别为门氏杂病流派传承工作室与三晋王氏妇科传承工作室,另有两个传承工作室处于在建状态。

(二)名家学派学术交流的平台

广誉远国医馆的名医、名家传承工作室建设得如火如荼,广誉远国医馆也成为各大名家学术流派交流的平台。

广誉远国医馆是平遥经方论坛的战略合作伙伴,旨在弘扬中医文化,为创造学术交流环境做出应有的贡献。

(三)精品服务百姓信赖的中医之家

广誉远人始终秉承"患者为重"的服务理念,精益求精严选道地药材,为患者提供精品服务、精品中药、精品诊疗。

(苏婷 整理)

地址:山西省太原市杏花岭区三桥街36号四合院

"山西广誉远国药"微信

渔父国医馆

一、关于渔父国医馆

1. 医馆简介

图 11-1　渔父国医馆

渔父国医馆由湖南渔父健康咨询管理有限公司于 2015 年出资成立，经湖南省中医药管理局、长沙市卫生局、工商局审批特许成立的中医医疗、养生、传播、传承、教学于一体的综合性机构。

馆名"渔父"的灵感来自屈原《楚辞·渔父》。在这篇千古流传的散文中，渔父说："沧浪之水清兮，可以濯吾缨；沧浪之水浊兮，可以濯吾足。"渔父所言，折射了中国历代文人贤士仁厚、超脱、达观的知识分子形象。渔父国医馆之取名立意，就是为了体现广大中医工作者对渔父形象的崇敬与追求。

图 11-2　著名书画家杨福音先生题写的馆名

渔父国医馆匾额由湘籍著名书画家杨福音先生书写。我们希望，托杨福音老先生的福，为广大患者带来安康福音。

渔父国医馆秉承中国五千年中医药文化，以继承、发扬、提升中医药文化为己任，基于传播来做诊疗，聘请了一大批全国、省级名老中医药专家、优秀中青年中医骨干，以及在三湘大地独具特色、疗效显著的民间中医坐诊。医馆目前已开设中医内科、外科、儿科、妇科、针灸推拿科等科室。

医馆在中医治疗与解决中老年慢病、肿瘤术后康复、女性健康、抑郁与失眠、小儿健康、职业人群亚健康等方面具有独特优势。

医馆在传播好中医文化的精髓的同时，做到用文化影响客户群体，影响他们的认知、判断、行为。

2. 经营规模

湖南渔父健康咨询管理有限公司先后投入资金 600 余万元。

图 11-3 渔父国医馆二楼休息厅

其中,渔父国医馆太平街馆营业面积近 800 平方米,医馆设诊室 6 间,针灸推拿室 2 间,候诊大厅 2 间,产品体验室 2 间,中药房 1 间,药材冷链储藏室 4 间,煎药房 1 间。

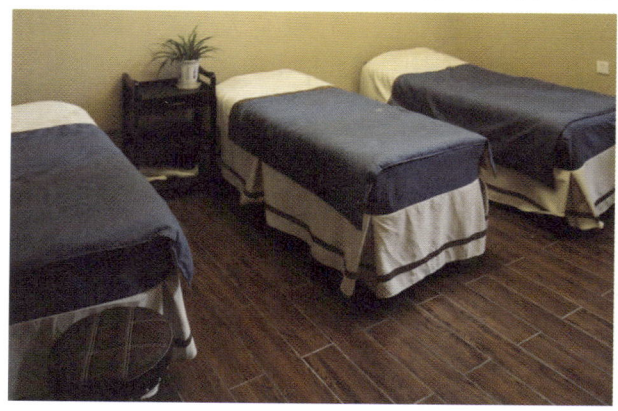

图 11-4 渔父国医馆针推室

另外,医馆正在附近街区(太平老街内)内另选一处物业约 300 平方米,作为"湖湘中医文化传播中心"和"渔父国医馆产品展示和销售"的活动场所。

同时，渔父国医馆北辰分馆营业面积近400平方米，目前已试营业，将于2018年8月18日正式开馆营业。

渔父国医馆第三家分馆目前也在筹备之中，拟在2019年底开业。

目前太平老街年人流量达600万人次，渔父医馆依托流量优势，已累计接待客户2万余人次。两年来年门诊量约1.5万余人次，年度营业额达700余万元。客户人群已本市为基础，覆盖湖南，辐射全国，外省客户近两年达千人，同时也有来自美国、加拿大、俄罗斯、乌克兰、日本、韩国、新加坡等外籍客户慕名来馆看诊。对社会以及国际关系产生良好的影响。

3. 经营思路

（1）挖掘、宣传、包装一批体制内外的名医名方。

我们将通过湖南电视媒体频道开展"湖南民间医生大寻访""湖南名老中医录""湘九味——湖南名优药材评选""搞懂中医——百姓大讲堂"等活动的开展，实现电视屏幕与国医馆的线上线下互动，整体性推出一批有质量的名医、名方、名药。

（2）高端市场奉行私人订制，低端市场纳入医保体系。

渔父国医馆将力争改变过去中医诊所门面小、环境差的局面，打造时尚的医馆文化，争取年轻人对中医养生的热爱，"把中医馆变成咖啡馆"，对顾客和患者给予更多人性化、个性化的服务。同时，让中医从业人员也能享受到应有的职业尊严和职业价值。

（3）依托医馆，成立湖湘中医文化传播中心，以免费课堂的形式推动中医文化的传播与普及。

我们将在医馆附近专门开辟场所，邀请专家、名医对全体市民，特别是社区中老年人进行中医知识普及。以名老中医带动知识普及，以知识普及提升医馆品牌，以医馆品牌促进中医消费。同时,渔父国医馆投资人均是资深的媒体人,深谙中医+媒体之道。目前,医馆馆长吴文刚先生正在参与湖南卫视"快乐中医频道"的前期筹备工作,在中医文化传播和中医资本化运作等领域有着广泛的人脉、资本资源。

(4)广泛运用微信公众号、App 等移动互联网手段,促进医馆与市民的生活互动。

利用传播、用户优势大力推广中医药科普宣传,提高群众中医药保健素养、发挥中医药治未病的优势。

二、弘扬中医　馆长风采

图 11-5　渔父国医馆创始人及各界人士合影

吴文刚,渔父国医馆馆长,1973 年出生于株洲,曾经生活在乡村,1990 年就读于湖南一师,在长沙生活了 27 年。他是一位资深的媒体人,他在湖南卫视有过多年的工作经验,做了二十多年的媒体。人到中年后开始寻找一种内心的归宿,也是宿命的安排,也许是中国文人"不为良相,便为良医"价值取向和知识分子的使命感,2015 年他离开了体制内,开始干起了悬壶济世的中医行业,在太平老街创办了渔父国医馆。

人进入四十岁后,年龄的暗示感与日俱增。就像爬山,爬着爬着就到了后山,阳光开始斜着照射你。回想从山脚下往上爬的那会儿,状态完全不一样了。媒体人创办中医馆,深谙中医+媒体之道,目前,吴先生在中医文化传播和中医资本化运作等领域有着广泛的人脉资源,目前正在参与湖南卫视"快乐中医频道"的筹备工作。

三、明医团队

1. 医生团队介绍

渔父国医馆现有坐诊专家19名,国家级名老专家有3人,省级名老中医药专家有5人,国家名老中医学术经验继承人及指导老师3人,国家名老中医学术经验继承人7人,博士生导师6人,研究生导师4人,中医世家2人,全部为研究生及以上学历。

医馆汇集脾胃、扁鹊、火神、伤寒等学派。

2. 学术观点

(1)渔父国医馆坐诊医生,全国名老中医药专家谌宁生教授认为论治肿瘤必须辩证与辨病相结合,并发展性提出"审因理脾"学术思想,主张在疏肝理脾基础上,针对不同病因病机,加用解毒或补肾的治法。

(2)渔父国医馆坐诊医生胡不群教授提出中医治疗肿瘤等疑难杂症方面,首重先以调理脾胃为主的思路。认为继承中医是指继承中医的优良传统,并提出了阅读一定数量的中医经典,拜名老中医为师,耳濡目染,逐渐熏陶和到民间采风及阅读优秀的文化典籍等方法。发展中医,则是指以尊重中医传统为前提的发展,并在此发展的基础上,随着时代的进程、知识的更新、经验的叠加、观念的转换、科学的进步而审慎地、逐渐地在改变中医原有的传统的基础上,求得发展。

另外中医需要拜师学艺，跟师诊疗，虚心向名老中医求教，经过名老中医的言传身教，渐浸渐染，久而久之，自然领悟中医的精神，获得中医的传统。再其次则是到民间采风，向群众学习，亦有可能受到中医传统的熏陶。同时，也提出学习中医要结合在传统文化的观点。

（3）毛以林教授提出中医治疗的经络辨证学说，认为治病必分经络脏腑，病之从内出者必由于脏腑，病之从外入者必由于经络。故治病者，必先分经络脏腑之所在，而又知其七情六淫所受所因，然后择何经何脏对病之药而治之，自然见效。

3. 医生个人简介

谌宁生　全国名老中医药专家，84岁，主任医师，教授，硕士生导师，全国首批国家级名老中医，全国第二批老中医药专家学术经验带徒指导老师，湖南中医附一首届名医，全国中医内国家肝病中医医疗中心学术奠基人，科肝胆病专业委员会委员，世界科教文卫组织医学专家成员，国医大师候选专家。历任多个科室主任，主持承担国家"八五"科技攻关、湖南省科委、教委及卫生厅局等肝病科研重点课题多项，获湖南省科技进步奖2次，湖南省中医药科技进步奖3次。担任中华中医药学会终身理事、国家自然科学基金评审委员、世界教科文卫组织专家成员、国家中医药管理局"十一五"中医肝病重点专科协作组专家学术指导委员会委员、国家重大专项"十二五"重肝课题方案专家论证会特邀专家。担任十余家期刊副总编、副主编、常务编委、编委及特约撰稿人，在国内外50多家期刊、杂志、书报发表论文150余篇。获得"环球时代杰出人物""海内外杰出爱国人士""共和国杰出人物""中国优秀医学专家"等多个荣誉称号；多次应邀至台湾、韩国等地进行讲学及医学访问，2013年4月受邀赴泰国参加国际传统医学与养生大会，受泰国亲皇亲切接见。

诊疗专长：从事医疗临床、教学、科研60余年，对肝病有深入研究，擅治各种急慢性肝炎、肝硬化、重型肝炎、脂肪肝及内科疑难杂症。自拟急肝方治疗急性肝炎有效率为99%，临床治愈率达80%以上，已成立全国名老中医药专家谌宁生传承工作室

杨秉秀 全国名老中医药专家。主任医师，教授，中医师承博士生导师。全国首批国家级名老中医，第四批国家级老中医药专家学术经验继承工作指导老师，获批成立全国名老中医药专家杨秉秀传承工作室，香港国际医学会客座教授。1963年10月调湖南省中医药研究所从事妇科疾病及肿瘤临床科研。1977年7月调湖南中医学院附一院妇产科从事临床医疗、教学、科研至今。曾担任妇产科及教研室副主任。2005年被《医药世界》杂志聘为特约编委，2006年被香港国际医学院聘为客座教授，2011年以中国优秀医药专家身份应邀赴韩国访问，2013年4月赴泰国曼谷参加"国际传统医学与养生大会"，受泰国亲皇接见。曾多次参加全国及国际学术会议，论文"中医药治疗不孕症215例临床分析"1994年获《首届生命力杯》世界传荣医学大奖赛优秀论文成果奖。在《中医杂志》《美国中华现代医学杂志》等国内外重要刊物发表论文20余篇。参编著作《百病临床指南》等，自拟方"玉阴洁洗剂治疗外阴、阴道炎及保健外用的新药研究"，1995年获湖南省中医药科学技术进步三等奖，并通过新药评审，获准字号大批量生产，因疗效佳，成为外阴疾病的常用药。自拟经验方疏通汤治疗输卵管不通疗效显著。

诊疗专长：从事妇中医科临床、教学、科研工作50余年，临床经验丰富，擅长治疗妇科常见病及疑难杂症，如月经病、痛经、盆腔炎、外阴瘙痒、痤疮、黄褐斑、妊娠剧吐、先兆流

产、习惯性流产、更年期综合征、子宫肌瘤、卵巢囊肿、子宫内膜异位症、多囊卵巢综合征、闭经、功血及肿瘤术后等,特别对男女不孕不育有独特造诣,疗效甚佳,在省内外有很高声誉。

旷惠桃 全国名老中医药专家。女,主任医师,教授,全国名老中医药专家,博士生导师。第五批全国老中医药专家学术经验继承工作指导老师,湖南省中医附一院内科学术带头人,湖南省风湿病学科带头人。曾先后担任湖南中医药大学第一、第二附属医院院长。为已故湖湘著名伤寒金匮学家张海清教授首席女弟子,成立"旷惠桃全国名中医工作室"。从医40余年,勤奋治学,精研医术,通晓经典,深研《金匮》,精于中医,汇通西医,深谙药膳食疗,广积单方验方,熟知中医养生方法。

诊疗专长:擅长亚健康调理。尤其擅长运用中医中药尤其擅于运用经方及虫类药等治疗风湿类疾病如:类风湿、狼疮、皮肌炎、硬皮病、强脊、干燥综合征、雷诺症、骨关节炎以及痛风、肺病、脾胃病、肾病等疑难杂症。牵头研制的"三虎丸"治疗类风湿;"痛风克颗粒剂"治疗痛风;"益肾颗粒剂"治疗多种慢性肾病等取得满意疗效。

胡不群 湖南著名中医。男,61岁,主任医生,出身于中医世家,师从"湖湘中医五老"之一刘炳凡先生,是湖南脾胃学派最具代表人物之一。中南大学国学研究中心副主任,客座教授。曾获省厅级中医科技成果进步二等奖、省部级中医科技成果进步三等奖获得者。从事临床与教学工作40年余年,参与编书5部,发表论文30余篇,曾经获得国家省市级优秀论文奖,著有个人专著《脾胃学传承集》《黄帝内经理法秘要》两部,参编《奇效验案》《名师与高徒》等医著六部胡不群教授主张发展中医最佳途径是师徒传承,中医治疗需与佛、道教融会贯通。在行医坐诊、济世救人的同时,每周日下午在长沙开福寺做公益性传统文化讲座,持续数十载

诊疗专长:擅长治疗与解决肿瘤、癌症、脾胃、肾病、男、女不孕不育、男性早泄、少精、心脑血管疾病、肝病、咳喘、失眠、头痛头晕、高热、肩颈腰腿疼、痛经、崩漏、带下、乳腺增生、儿科、痔疾等内科疑难杂症,善治肿瘤癌症放化疗术后调理,由于临床疗效较高,故而门诊量与日俱增,已属应接不暇,全国大陆各省市(除青海外)及台、港、日本、新加坡、美国、加拿大、西班牙等国均有飞来长沙就诊,深获广大病友的信赖。

范伏元 湖南中医附一大内科主任,主任医师,教授,博士研究生导师。全国优秀中医临床人才,湖南中医药大学第一附属医院首届名医,湖南中医药大学第一附属医院内科主任兼呼吸内科主任、内科教研室主任。中国中西医结合学会呼吸病分会常务委员,中国中西医结合学会呼吸病分会肺间质病变学组副组长,中国医师协会中西医结合分会呼吸病专家委员会常务委员,中国中西医结合学会风湿病分会常务委员,中华民族医药学会风湿病分会常务理事,中华中医药学会亚健康分会常务委员,中华中医药学会内科分会委员,湖南省中医药学会和中西医结合学会理事,主持和参加了各级科研课题 10 多项,获全国、省级奖项各 20 余项;主编、副主编著作 10 余本,发表学术论文 80 余篇。

诊疗专长:从事临床工作 30 余年,对内科常见病、多发病的诊治,具有丰富的临床经验,擅长对慢性咳嗽、哮喘、慢阻肺等呼吸类问题以及类风湿关节炎、干燥综合征、痛风等风

湿健康问题的治疗与调理，尤其在类风湿性关节炎治疗中独辟蹊径，疗效甚佳。

毛以林 湖南中医药大学博导，大内科主任，教授，医学博士，主任医师，博士生导师，国家优秀中医临床人才。湖南省中医院老年病科主任，国家中医重点心血管专科学术带头人。兼任湖南省中西医结合学会心脑血管病专业委员会、风湿病专业委员会、自然医学委员会副主任委员，湖南省心血管健康促进与康复专业委员会常委，中华中医药学会心脏介入专家委员会委员，中国冠心病中医临床研究联盟成员，世界中医药学会联合会中医诊断学专业委员会常务理事，海峡两岸医药卫生交流协会中西医结合专家委员会委员，湖南省中医药学会内科常务委员、络病专业委员会委员，《湖南中医药大学学报》常务编委等职，先后出版《毛以林—步入中医之门》七套系列丛书等。毛以林14岁问道岐黄。临证工作30余年，具有极为丰富的临床经验。

诊疗专长：擅长以中医药治疗顽固性心衰、心律失常、扩心病、冠心病心绞痛、各类肿瘤治疗与调理、类风湿性关节炎、强直性关节炎、硬皮病、皮肌炎、痛风、慢性胃炎、功能性消化不良、慢性结肠疡炎、克隆氏病、肺气肿、肺部感染、肝功能损害、慢性肾小球肾炎、肾病综合征、慢性尿路感染、男性不育、女性不孕、男性早泄、少精肾衰、痛经、乳小叶增生、血管神经性头痛、中风后遗症、原发性血小板减少症等内科疑难危重症等。

刘建和 湖南中医附一心内科副主任。教授，医学博士，主任医师，博士生导师。全国第四批名老中医药专家学术经验优秀继承人，全国第三批优秀中医临床人才。在湖南中医药大学第一附属医院心血管科（国家临床重点专科、国家中医药管理局十一五、十二五重点专科）从事临床、教学、科研工作近30年。现任湖南省中西医结合心脏病诊疗中心副主任，兼任中华中医药学会心病分会委员、中华中医药学会介入心脏病学专家委员会委员等职务，主持国家"十一五重大新药创制"科技重大专项和湖南省科技创新项目投资计划等项目，发表学术论文50多篇，主编《心血管内科疾病诊疗操作手册》《国医大师心病临证辑要》《公务员医疗保健手册》等医学著作20多部，副主编医学著作20余本。曾获湖南省中医药科技一等奖、二等奖和湖南省科技进步三等奖等奖项。多运用经方和验方治疗各种内科杂病和疑难疾病。

诊治专长：擅长治疗冠心病（胸痹心痛）、心律失常（心悸）、心力衰竭、失眠；慢支（咳嗽）、肺气肿、支气管哮喘；胃炎、消化性溃疡、肠炎；眩晕、脑血管病后遗症；高血压肾病及慢性肾衰和代谢综合征（高血压、高脂血症、高血糖）等疾病以及心脏介入术后中医药调治，并擅长中医体质辨识及养生保健

杨正望 教授，主任医师，中西医结合临床医学博士，硕士生导师，国家第四批名老中医学术经验继承人。师从国家级名中医药专家杨秉秀教授、尤昭玲教授。主持及参与国家级省级课题研究10余项，获得省级科研成果3项；发表专业学术论文60余篇，参编或主编专业著作8部。长期在妇产科临床医疗、本科及研究生教学和科研工作岗位，从事一线临床工作30余年，积累了丰富的临床经验。

诊治专长：擅长治疗女性产前、产后、备孕调理；习惯性流产；盆腔炎性疾病；子宫内膜异位症、宫腔粘连；多囊卵巢综合征；卵巢功能早衰、切口假腔等所致月经不调；不孕不

育，女性生殖系统炎症、妇科肿瘤性疾病、术后调理等常见病、多发病，以及内科疑难杂症，成人亚健康调理。

王盛东 主任医生，毕业于湖南中医学院医学系，1985年就读于在职硕士研究生班。曾任国内某著名不孕不育专科医院院长，首席技术专家，具有30余年临床经验，中医全科医师。

擅长常见妇科月经不调、内分泌紊乱；男女不孕不育、体虚调理；职业人群的亚健康调理、特别对女性输卵管性不孕、卵巢性不孕、男性精索静脉结扎术的诊治有独到之处，积累了大量丰富的一手资料和实践经验。

朱明芳 教授，主任医师，博士后，博士研究生导师，湖南省教育厅青年骨干教师、国家第三批名老中医学术继承人、第三批全国优秀中医临床人才、湖南省高层次卫生人才"255"工程培养对象。先后在国家一级刊物发表论文4篇，二级刊物发表论文3篇，数次在国家级、省级学术会议上交流，编写中医外科、皮肤科专著6部，主持省中医药管理局科研课题1项，参与厅局级科研项目3项，并获得院级教学成果奖1项。师从国医大师禤国维教授、全国名老中医欧阳恒、袁长津教授。中医全科专家，临床以中医理论为指导，

擅长内分泌导致的过敏性疾病、色素性皮肤病、皮肤附属器疾病及结缔组织性疾病，女性经期紊乱综合征、绝经、早衰等问题的综合诊治。主诊内分泌紊乱、脱发、湿疹、荨麻疹、扁平疣等皮肤问题、常见性病、前列腺疾病、月经不调、脱发、疲劳综合征、职业人群亚健康及各种内科疑难杂症。渔父讲师团成员，主讲专家。在渔父国医馆每周限诊15人。

唐柏冬 教授，主任医师，湖南中医药大学硕士研究生导师，青海省西宁市第一人民医院特聘中医专家（研究治疗青藏高原海拔2000米以上地区常住人员失眠问题）。长沙市医院协会副理事长，湖南省健康管理专业学术委员会常务委员，世界中医药联合会慢病管理专业学术委员会常务理事。湖南广播电视台经视频道《养生有道》栏目特邀医学专家，青海省西宁电视台《养生坊》栏目特邀医学专家。

从事临床医疗工作近30年，熟谙中医理论，临床经验丰富，主治脾胃疾病、心脑血管疾病、妇科疾病、职业人群亚健康、内科疑难杂症等。主要擅长采用纯中医药治疗失眠症、焦虑症、抑郁症、神经衰弱、女性产后抑郁、内分泌失调等健康病症。

谢雪姣 湖南省知名中医专家，中美双博士后，研究生导师，国家中医药管理局中医药文化科普巡讲专家，全国老中医药专家学术经验继承人，全国高等中医药院校优秀青年，担任湖南中医药大学仲景学说教研室主任（伤寒论、金匮要略），美国中医学院特聘教授、博士生项目指导老师。已师从全国名老中医熊继柏教授18年，师从全国名老中医黄政德教授10年。临床经验丰富，坚持经典理论教学与临床紧密结合，以纯中医理法方药论治内、妇、儿、皮肤科常见病及疑难杂症见长，善于不孕不育、月经不调、带下、子宫肌瘤、乳腺增生、痤疮、发热、口疮、头痛、失眠、风湿病、心脑血管病、糖尿病、紫癜、肝病、胃肠道疾病、肾病、痛风、癌症化疗伴随症状、颈腰椎骨病、小儿吐泻咳喘、小儿多动症、抽动症、孤独症等疾病的治疗，疗效显著。兼减肥及亚健康养生指导

李敏 副教授，主治医师，中医亚健康博士，世界亚健

联合理事会理事。中医全科医生，熊继柏教授的嫡传弟子及学术继承人。迄今学习和工作近 20 年，打下了扎实的理论基础，积累了丰富的临床经验。

擅长治疗内、妇、儿的常见病。其中内科：咳嗽、哮喘、复发性口疮、鼻咽炎、高血压、冠心病、中风、癫痫、偏头痛、胃炎、肝炎、肝胆结石、结肠炎、尿路结石、肾病综合征、颈椎病、腰椎间盘突出、各种风湿、女性暖巢囊肿等。儿科：小儿高热、小儿咳嗽、急慢性扁桃体炎、厌食、疳积、水痘等

闵长检 湖湘知名中医，64 岁，毕业于湖南中医学院，从医 40 多年，曾经在部队医院担任军医 10 余年，中南大学医院退休教授。

擅长治疗过敏性鼻炎、慢性结肠炎、头痛、头晕、失眠、脱发、颈椎骨质增生、肩颈肌肉劳损、上肢麻木、肩周炎、腰椎间盘脱出、膨出、坐骨神经痛、腰肌劳损、膝关节骨质增生、膝关节退行性关节炎、骨折、脱臼、跌打损伤、通风、风湿关节痛、药酒配方、青春痘、脂溢性皮炎、湿疹、顽固性瘙痒、荨麻疹、慢性支气管炎有经验方、月经紊乱、痛经、更年期综合征、皮肤以及内妇、儿科常见病均有丰富的临床经验，本人配置的外敷药，治疗各种扭挫伤、骨折、脱臼、膝关节肿痛、痛风具有独特的疗效。

佘建文 主治医师，女，1993 年毕业于湖南中医学院。中医全科医师。毕业后一直师从湖南省中医药研究院多位名老中医，后又师从全国名老中医熊继柏教授，是熊老的嫡传弟子。2003 年开始在长沙市岳麓区望月湖中心医院工作，组建了中医科并担任科主任。2011 年赴美国著名的芝加哥大学访

问一年，学习期间，运用传统中医及针灸等方法为外国友人及当地海外华人治病，其显著的疗效得到了他们的高度赞许，为在国外弘扬中医中药尽到了一份责任。回国后依旧随熊老跟诊至今，不忘恩师教导，临床不忘研读中医经典。从事中医临床工作20余年，博采众长，能熟练运用中医理论辨证施治，严格按中医理法方药原则处方，并能结合中医针灸手法等外治手段，同时依据时令季节制定个体时令养生保健方，临床疗效显著。深得病友信赖。

擅长治疗咳嗽、哮喘等呼吸道疾病，脾胃病、肝胆疾病，心脑血管疾病，中风、癫痫、面瘫、头痛眩晕，风湿痹症、颈肩腰腿疼痛，皮肤瘙痒，妇科病月经不调、乳腺疾患，带下，小儿急慢性支气管炎、厌食等内科、妇科及儿科常见病和各种疑难杂病。同时，发挥中药结合针灸、艾灸等外治方面积累的丰富的临床经验，疗效显著。

孙相如　山东济宁孙氏中医第四代传人，湖南中医药大学中医博士，在临床上既有家传方小量轻、以寡胜强的特色，又能兼采众长，结合湖南地域特色处方用药，精通中医古典医籍，具有较高的专业理论水平。

临床上善治小儿呼吸系统、消化系统等疾病，婴幼儿、青少年的脾胃调理、内科杂病及妇科常见病，擅长成人亚健康、女性月经失调及不孕不育的治疗与调理。同时，在临床上善于心理疏导与沟通，兼顾食疗及热敷蒸浴等多种手段，擅长全面调治固护患者身心

杨丽　医学博士，女，青年医生，湖南中医药大学博士研究生，为湖湘中医五老之一刘炳凡老先生再传弟子，师从胡不群老师7载，秉承"小病调气血，大病燮阴阳，归根结底在脾

胃"的师训，施之于临床，有较为深刻的体验。对各类常见病、多发病能娴熟施治，尤其是妇科常见病、更年期综合征、失眠、皮肤瘙痒、颈椎病、腰椎间盘突出、眩晕、男性精子活力不足等疑难杂症的诊治形成了自己的特色。

何栋 湖南中医药大学硕士，跟师胡不群老师5载，秉承"治病首重脾胃"的思想，运用于临床，有较为深刻的体验。临床上对常见病多发病能娴熟辨治，对某些急重难治性疾病如小儿高热及顽固性咳嗽、功能性子宫出血、多囊卵巢综合征、子宫肌瘤、乳腺增生症、更年期综合征、颈腰椎退行性疾病、顽固性皮肤病等多能应手取效。

四、文化传承与传播

1. 中医药文化传承

（1）传承工作室

为让名老中医药专家学术经验更好传承与发展，医馆于2016年申请创建"胡不群脾胃学传承工作室"。2017年8月挂牌创建"毛以林扁鹊学派传承工作室"，2018年创建"唐柏冬睡眠工作室"。

（2）公益讲座与传承收徒

胡不群教授每周日下午在长沙开福寺开办国学讲座60分钟，涉及《黄帝内经》《伤寒杂病论》等经典，坚持近10年，传授中医学者，中医爱好人群过万人次。

毛以林教授、刘建和教授2017年、2018年连续两次在长沙谷山宝宁寺举办扁鹊学派公

益讲座及收徒仪式。参与听课者百余人，新收弟子8人，其中最小弟子年龄仅10岁。

渔父国医馆正在牵头成立"青年中医联盟"，制定青年中

医培养计划,拟在发掘、培养更多的优秀青年中医,为其搭建学习发展平台,为医药传承与发展积蓄力量,不断充实医馆医生团队力量,适应不同时期市场发展需求。

渔父国医馆坚持免费为湖南中医药大学、长沙医学院等专业院校中医本科、研究生、博士生提供实习临床平台、专家学者授业资源,累计服务相关人员过百人次。

2. 文化传播

渔父国医馆是基于文化传播来做诊疗;为了更好地传承中医中药文化,让更多的老百姓享受健康福利,结合现代传媒传播好中医文化的精髓。

(1)渔父国医馆先后针对电视、广播媒体投入中医药文化宣传视频广告累计近100分钟,覆盖本省人口近200万人次。

(2)渔父国医馆联合湖南中医药大学,先后投资策划、制作中医药文化公益宣传短片《湖湘中医说》30集。该公益短片是一档集中医案例介绍及中药科普于一体的中医文化科普类纪实节目,力图更好的开发推广本省名老中医、科研教学机构及规模化中药企业。制作时长达150分钟,分别在芒果TV、华声TV、湖南导视频道、腾讯视频、优酷视频等播放,宣传覆盖达200万人次,点击率过50万人次。

(3)策划、制作中医药文化专栏节目《搞懂中医》,将中医知识碎片化,中医古籍内容趣味化,以电视脱口秀形式呈现,通过传统媒体形式展现,让更多的人认识、了解中医经典。该节目累计制作达50集,近1000分钟。

(4)策划、制作大型人物纪录片《抗癌英雄传》100集。该纪录片展示了在癌症发病率越来越高的今天,有一群患者,依靠积极的心态和强大的意志,和癌魔进行了长时间的抗争,他们被称为"抗癌英雄"。通过每期10分钟的短片来认识每一位抗癌英雄,让患者有更多信心,达到传播正能量,关爱癌症患者目的。纪录片累计制作时长近800分钟，采访、调查走访癌症患者近100人。

（5）联合湖南广播电视台经视频道《养生有道》策划、录作中医养生专题节目6集，累计180分钟，8为医生参与策划、录制。

（6）联合湖南广播电视台都市频道策划、报道"世界睡眠日"专题节目及大型义诊活动。

（7）先后邀请湖南广播电视台经视频道《经视观察》、都市频道《经济向前看》栏目对渔父国医馆创办宗旨，企业文化、专家团队进行专题宣传、报道。

（8）多次参与录制湖南广播电视台快乐购物频道快乐购物频道女性中医养生节目《女神内经》，录制长达100分钟中医养生节目。

（9）多次联合湖南广播电视台快乐购物频道、快乐钓鱼频道举办中医养生讲座网络直播、义诊活动，参与人数过百人，义诊80人次。

（10）先后联合湖南红黄蓝教育集团多次举办面向高考学生、家长睡眠、情绪管理的专题讲座，参与家长、学生近200人，义诊过50人次。

（11）自主策划、撰写印制医馆内刊——长沙人自己的中医文化读本《渔父》杂志，累计赠阅6000余册。

五、服务优势

渔父国医馆率先在湖南地区提出打造诊疗服务质量4.0版本的标准，我们的目标是让患者体验像家庭一样温暖的服务，我们的口号是：保证每位患者的就诊时间不少于十分钟。

渔父国医馆科学的统筹医生与客户资源，尽量让每位患者的候诊时间不超过半小时。在候诊的时间里，陪伴您的是书香、茶水、阅读、音乐、微笑。我们的环境如同"艺术咖啡空间",安静、幽美、舒适!善待他人,精进自己。医馆的服务细节、医生的人文关怀、药品的质量统一叠加后构成的医馆的正面效应。

1. 医馆就诊期间,全程导诊,尊礼以待。

2. 通过医生助理服务医患,每名医生配有一名及以上医生助理。

3. 做到每一名客户跟踪回访,电话问询,病情问候,建立家庭健康档案,不定期发送养生保健知识。

4. 社区服务:社区义诊、养生讲座、科普活动。

5. 互联网+诊疗服务:远程诊疗。

六、道地药材　效验为上

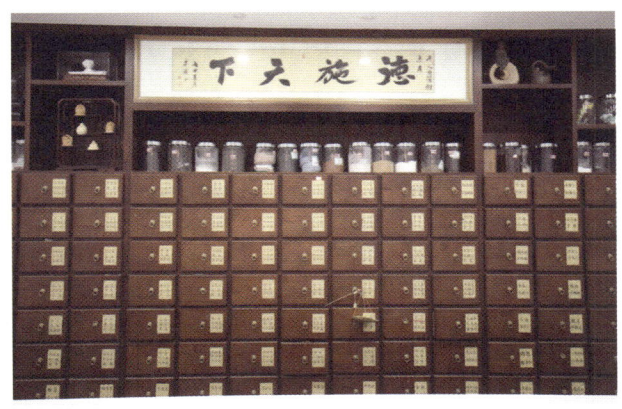

图 11-6　渔父国医馆中药房展示柜

一个有长久生命力和持续信任度的医馆,一定要有靠得住的中药材来做支撑。渔父国医馆推崇和倡导使用高品质中药饮片的理念,保证中药饮片引进渠道绝对正规、道地,道地,也就是地道,也即功效地道实在,确切可靠,质量标准达到出

图 11-7 渔父国医馆中药房

口级别,使用的中药材,经过了国家质检部门的农残、重金属、黄曲霉素检测。

七、渔父国医馆产品推荐

(1) 渔父清热祛湿茶

组成:滑石、甘草、太子参、砂仁、薄荷等道地药材。

适应:具有清热祛湿的作用,适用于湿气所致发热、身倦、口渴、泄泻、尿黄等症状。

(2) 渔父轻身祛湿茶

组成:决明子、山楂、乌梅、陈皮、茯苓等道地药材。

适应:清热解毒、降火祛湿、消脂祛痘。

(3) 渔父祛寒湿泡脚方

组成:艾叶、红花、干姜、苍术、花椒等道地药材。

功效:适用于寒湿体质,有利于祛除体内风寒湿邪,抗疲劳、舒经通脉。

(4) 渔父改善睡眠泡足方

组成:丹参、炒枣仁、夜交藤、石菖蒲、吴茱萸、钩藤、合欢皮等道地药材。

功效：滋养心肝，镇静催眠。

（5）翘荷清暑散

组成：薄荷、连翘、生甘草、栀子、桔梗、绿豆、滑石等道地药材。

服法：打粉研细，沸水冲服，加冰糖搅匀，可反复冲服，沉淀可弃掉不用。

功效：清暑祛热、利湿降火。

适应：口干咽燥、鼻干目涩、反复口疮溃疡、口臭便秘、牙龈肿痛、烦热头痛、小便赤涩。

（周洪杰　成蕻　整理）

地址：湖南省长沙市天心区太平老街金线街 30 号（近贾谊故居）

"渔父国医"微信

宜兴市中西医结合医院中医馆

一、中医馆简介

宜兴市中西医结合医院（宜兴市红塔医院）地处江苏省无锡市，创建于1954年，是一所集医疗、急救、康复、保健、教学为一体的以中西医结合为特色的二级综合性医院，占地面积50亩，建筑面积39000平方米，医疗业务用房30000平方米，开放床位500余张。医院现有职工400余人，中高级职称50余人。

医院为了更好地发扬中医，并服务于患者，特在院内开设了中医馆。中医馆秉承中国中医学之精华，以弘扬中华民族博大精深的中医药为己任，把建好专科专病作为发挥传统中医药优势的重点，充分发挥中医药和民族民间医药在治疗疑难杂症方面的优势，是集中医医疗、中医养生、中医传统疗法、中医康复为一体的中医药服务区。

中医馆荟萃数位名中医坐诊，遵循"整体治疗和辨证施治""治未病"方略，配伍道地天然中草药，根据患者不同阶段和病情，运用多角度综合治疗，一人一方，以达到调理身体、缓解病痛等多种治疗目的。

除了提供冬病夏治、冬令膏方进补、中医体质调养、针灸、推拿（成人推拿、小儿推拿）等中医药服务外，还开展了刮痧、艾灸、拔罐、中药热敷等中医保健医疗技术，对颈腰

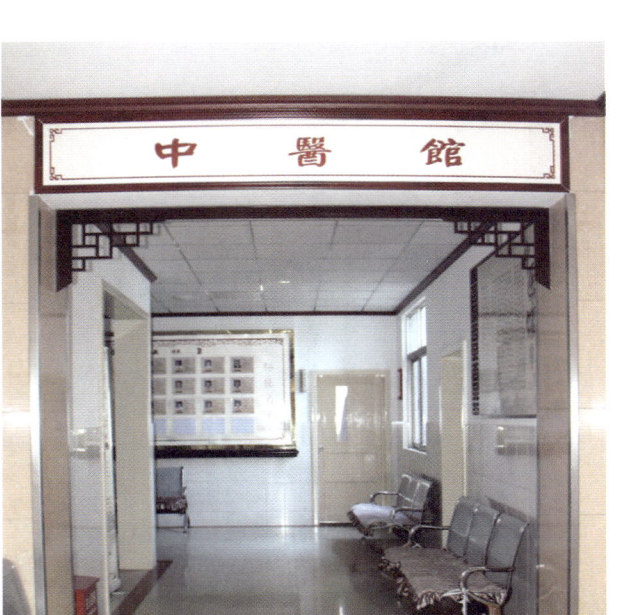

图 12-1 中医馆

椎病、肩周炎、痛风、膝关节痛等骨关节病,带状疱疹、中风后遗症、面瘫等神经内科疾病,血液病、肿瘤、肾病、消化系统疾病等均取得较好的疗效。另外还运用中医"治未病"疗法,对慢性支气管炎、反复感冒、鼻炎、体质虚弱等亚健康患者发挥了较好的预防保健作用。

中医馆充分发挥中医"治未病"的特色和优势,在制订中医保健方案、指导养生保健等方面为老人、妇女、儿童和亚健康人群提供更多更好的服务。通过普及中医药保健知识,增

图 12-2　中医文化长廊

强群众自我保健意识,从而提升中医药服务能力,大力推进中医文化建设。

二、中医传承

中医馆引进南京、上海中医医院、综合医院的中医药专家来医院出诊,让宜兴患者不出门就能享受到三级医院高水平中医药专家的服务。同时,中医馆派出中青年骨干中医医生进行一对一师承学习,分享名家学术成果,总结名家学术经验,在传承的基础上发扬光大。

三、构建中医平台

为了加快医院特色专科的建设发展与人才培养的步伐,医院加强与三级甲等医院的合作,与江苏省中医医院、江苏省中西医结合医院、上海新华医院、上海第十人民医院、无锡市中西医结合医院、无锡市同仁国际康复医院等建立协作关系,利用三级甲等医院的优势专业与我们医院的相应专业进行对接,选派骨干外出进修，使医院相关专科从管理理念到诊疗方案等实现与大医院的管理融合、技术融合、人才融合，有效提升医院临床科室的专业技术水平。

四、坚持深化发展中医药事业

坚持发展是第一要务，用5年左右的时间，建成集医疗、康复、预防、保健为一体的、具有较强创新能力的、以中西医结合为特色的二级甲等综合性医院，努力使医院诊疗技术、人才建设、服务流程、就医环境、科研能力等各个方面再上一个新台阶，成为管理科学、特色明显、布局合理、服务优良、环境优美的区域内医疗中心。

全面提升中医药服务能力。大力发展中医医疗服务，突出中西医疗效，提升中医特色项目在临床科室的使用比例，开展的中医医疗技术项目达≥30种。规范中医治疗措施，制定常见病及中西医结合优势病种诊疗方案，制定常见病及中西医结合优势病种临床路径。至少在一个病区建立中医综合治疗室，门诊设立中医综合治疗区，鼓励各科室开展有特色、效果好的治疗新项目，形成具有影响力的中医药特色诊疗技术。加快"治未病中心"的建设，突出中医药在治疗、预防、康复、保健服务中的重要地位。

着力抓好重点专科建设。培育一批服务功能健全、临床疗效显著、中医特色鲜明的中医临床重点专科，是提升医院核心竞争力的需要。

拓展中医药健康服领域，探索发展中医药健康旅游服务。充分发挥宜兴旅游资源的优势，推动中医药健康服务与旅游产业有机融合，发展以中医药文化传播和健康体验为主题，高标准建好中医药健康旅游综合园区。（1）未病疗养区：它融合中医药膳、养生、康复（针灸、推拿）等非药物措施治未病，

图 12-3　全院西学中培训

增加客户对养生保健服务的享受感。(2) 旅游休闲区:融合江南园林格调,根据花期和植物特征,区内规划种植各种乔、灌、藤、草类中药,形成中药植物园林,让服务对象游园、识药、撷芳。(3) 特色文化展示区:融合陶艺、茶艺、园艺,中医药文化传播和健康管理等项目,让客户在欣赏艺术同时提升自身健康管理意识,打造一种全新的身心俱悦的健康旅游产品,满足人民群众多层次、多样化健康需求,努力打造具有较高知名度的中医药健康旅游品牌。

五、专家团队介绍

陈健一(中医内科)

主任中医师,南京中医药大学中医内科学教授,硕士生导师,从事血液、肿瘤专业。江苏省优秀中青年中医临床人才、江苏省中医院名医、中华中医药学会血液学分会及中国中西医结合学会血液学分会委员、中国民族医药学会血液分会理事。

诊疗特长:中西医结合诊治血液病、肿瘤、肾病、消化系统疾病等,临床疗效显著,获得大量病人的好评和赞誉。

夏韵（中医科）

主任医师教授硕士生导师，同济大学附属第十人民医院中医科主任、中医教研室主任，师承国医大师颜德馨教授，现任上海中医药学会理事，内科分会、脑病分会、综合医院中医发展研究分会副主任委员，上海中医药学会心病分会、膏方分会常委，老年病分会、络病分会委员。

诊疗特长：中医内科各类疾病的诊治，对缺血性脑病的治疗，以疏通脉道例立法，研制成"复方蒲黄颗粒"，经临床观察及实验研究均获满意疗效。

张树剑（中医针刀科）

博士，南京中医药大学副教授研究生导师，南京中医药大学第二临床学院副院长，中国针灸学会文献专业委员会委员，江苏省针灸学会急症专业委员会委员。

诊疗特长：针药结合治疗多系统疑难病，尤其擅长针刀治疗颈、腰椎病、关节疼痛、偏头痛、肩周炎、膝关节等关节病症，以及脊柱相关疾病，眩晕、哮喘、心律失常、胃痛、便秘、痛经等。

刘洪宝（外科）

副主任医师，外科副主任，国际中医男科学会委员、中华医学会会员，曾在上海中山医院进修泌尿外科。

诊疗特长：普外科疾病及泌尿男科疾病的微创手术，在本地区率先引进浮针技术，对手术患者的快速康复，对一些疼痛性疾病的治疗有独特的疗效。

王晓萍（中医针灸科）

中医针灸科主任兼康复医学科主任，中华全国针灸学会会员、江苏省针灸学会急诊专业委员会常委。

诊疗特长：中风、偏瘫、面瘫、坐骨神经痛等顽症的治疗，效果显著。

（郑兴茜　整理）

地址：江苏省无锡市宜兴市宜城街道红塔路 188 号

"宜兴市中西医结合医院"微信

江苏省国医馆

历史上的江苏省国医馆成立于1932年12月18日,位于镇江城外宝盖桥路第一区公所。后于2003年7月29日重建于南京市鼓楼区清凉门大街。毗邻秦淮河畔,坐落在清凉山脚下,紧邻南京最繁华的新街口商圈。国医馆门前的公交汽车站台命名为"江苏省国医馆"站,至江苏省人民医院、江苏省中医院、南京中医药大学、南京医科大学、云锦路地铁站等只需5~10分钟车程。

国医馆采用非营利性经营模式,是南京中医药大学教学基地,南京中医药大学学生临床实践基地,南京市医保、门统、门慢、门特定点单位,以优质的医疗环境、高端的医疗平台,邀请中医名家坐诊,为患者提供高水平的医疗诊治服务,发挥传统中医药在预防、治疗、康复、保健、养生等方面的优势,提高人民的健康水平,打造中医品牌,为推进中医药产业的协调可持续发展、繁荣发展中医药事业做出努力和贡献。

一、医馆简介

江苏省国医馆是集中医诊疗、学术传承、教学科研、养生科普、义诊咨询为一体的综合性医疗服务实体,面积2316平方米,共设三层,一层为候诊大厅、中药房、煎药房,二层设置中医内科、妇科、儿科诊室、膏方丸散制作室及王中林整脊推拿工作室,三层设置针灸推拿室、皮肤科室等中医外科诊室以及馆长办公室、严明教授学术经验工作室。医馆诊室共35间，最多可同时容纳患者约300名，年门诊量约为70000余人次，编内外职工82人，其中医技人员68名，含江苏省名中医3人，正高职称31人，博士生导师9人，硕士生导师13人，研究生学历33人。

江苏省国医馆门头为古色古香的传统建筑，金黄色的琉璃瓦，木制"江苏省国医馆"牌匾，门头每根椽檐上刻有八卦（乾卦、坤卦）、阴阳太极图，红色木柱上有全国名老中医、白求恩奖章获得者、国医大师徐景藩教授题写的"共展祖国医药宏图大业，同创华夏恒久辉煌"的鎏金大字对联，医馆内藏有国医大师周仲瑛、朱良春、徐景藩、干祖望及全国名老中医江育仁，江苏省名中医严明、季光、孙浩、何止湘等专家教授的题词以及病人赠送的"大医精诚""仁爱"等牌匾和条幅，处处体现着浓厚的中医文化氛围，让患者在就诊的同时可在医馆内领略到传统中医药文化的博大精深。

图 13-1 江苏省国医馆外观

图 13-2　江苏省国医馆大厅

二、名家共创江苏国医馆

历史上江苏省国医馆创始人有：陆锡庚、王硕如、尤九皋等。陆锡庚为江苏省商会主席，因商会事务纷繁，于 1933 年 11 月 14 日辞去馆长职务，推荐清代御医王九如之孙王硕如为馆长，于 1933 年 11 月 29 日正式接任。

图 13-3　早期江苏省国医馆创始人合影

现代的江苏省国医馆创始人有：国医大师、全国非物质文化遗产传统医药项目代表性传承人、全国名老中医、国医大师周仲瑛教授，江苏省名老中医、全国著名肝病学家严明教授，江苏省名中医、享受国务院特殊津贴专家季光教授，原南京中医药大学副校长、副书记龚惠明教授，原江苏省中医学会秘书长成建山教授。

江苏省国医馆聘请国医大师周仲瑛、徐景藩、朱良春教授以及江苏省名中医严明、季光、孙浩教授为高级顾问，同时聘请陈子德、王旭东教授为名誉馆长。

图 13-4　现代江苏省国医馆创始人合影

成建山教授为江苏省国医馆现任馆长、法定代表人。成建山，男，1946 年 3 月出生，中共党员，肝病学家严明教授学术继承人，江苏省中医院主任中医师，原江苏省中医学会秘书长，中国医师协会第一届理事会理事，中华中医药学会第三、第四届理事会理事，《中医杂志》特约编辑。发表学术论文 30 余篇，编写著作 10 部，承担科研项目 3 项，荣获市局级科技成果奖一项。在慢性病毒性肝炎、肝硬化、肝癌前期病变、肝炎后高胆红素血症、脂肪肝等方面积累了丰富的临床经验，医德高尚，医术精湛，深得患者信任与称赞。

图 13-5　成建山馆长

三、个性化综合治疗

江苏省国医馆秉承"因人制宜"的治疗原则,根据不同患者的具体情况、特殊需求采取个性化、内服外用联合的治疗手段,提倡"已病未病皆治着眼整体,药物针灸并用验便价廉"。

图 13-6　个性化综合治疗标准

(一) 中药制剂

内服中药制剂形式多样,由馆内独立的中药制作室制作丸剂、散剂、膏药等不同剂型的中药,丸药种类有水泛丸、水蜜丸、水蜜浓缩丸、浓缩丸、泥鳅丸、薯鳅丸等,携带方便,价格实惠,在慢性疾病的治疗中发挥了重要作用,深受患者欢迎。另外,本馆研发的"失眠外治贴膏""口腔溃疡外治贴膏""肝硬化腹水外治贴膏"等多种外治方法,对缓解急性疼痛、慢性疾病有明显疗效,每年就诊量达2000余人次。

(二) 冬病夏治

江苏省国医馆将每年夏至至白露(6月22日至9月8日)设立为"冬病夏治治疗季",是极具中医传统与特色的防治方法,运用传统中医药"冬病夏治"理论进行中药调理、穴位贴敷等活动,调整人体阴阳平衡,针对阳气不足、肺脾气虚等虚寒体质人群,免疫力低下的人群,患有冬天容易发作或遇冷易加重的疾病的人群,治疗效果较其他季节更好,如:支气管炎、支气管哮喘、慢性阻塞性肺病等呼吸道慢性疾病、类风湿性关节炎、结肠炎、胃痛、颈椎病、慢性腹泻等慢性疾病。至今服务患者5000余人次,受到社会的广泛关注。

(三) 膏方节

江苏省国医馆于每年10月1日至翌年春节设立为"膏方节",展示中医膏方制作方式,体现中医膏方进补优势。"膏方节"期间,有国家、省、市级名老中医和著名专家主诊,辨证施治、合理调补。由中药专家龚惠明教授,精选道地药材,严把药品质量关,精心调配,确保膏方质量与疗效。"膏方节"现已举办14届,服务患者10000余人次。同时应电视媒体邀请,积极宣传膏方,如2010年11月南京电视台生活频道就江苏省国医馆膏方节进行采访,同年12月22日,应南京电视台《小芳健康网》节目邀请做膏方系列讲座，2017年参与网易直播活动，群众反响强烈。

四、学术传承

（一）国医大师周仲瑛教授工作室

由周老学生王旭教授牵头负责，开展对内科疑难杂病，特别是对糖尿病、甲状腺等内分泌系统疾病的研究。

（二）江苏省名老中医严明教授工作室

严老从事中医临床工作50余年，共留下150本学术资料，特别对肝胆系疾病的防治积累了丰富经验。其中严老改良的腊神灸治疗黄疸病及严氏"薯鳅丸"制作工艺已被录选为国家中医药管理局中医药传统知识保护技术研究项目，严老的"七味降酶胶囊""期颐丹"等已开发为院内制剂。目前严明学术思想传人已有四代：第二代传人为馆长成建山教授，第三代传人为南通市中医院主任中医师严汉银，南京中医药大学助理研究员、主治中医师严晶，美国南佛罗里达大学成峰教授，第四代传人为南京中医药大学博士研究生吴周烨、硕士研究生严谨。2012年12月15日，南京中医药学会成立100周年暨《百年金陵中医》新书首发仪式在宁举行，国医馆严明教授入选《百年金陵中医》。

（三）王中林教授整脊推拿工作室

采用中医传统整脊法，结合针灸、刮痧、走罐、闪罐、留罐、传统中药秘制膏药等多种方法改善脊柱的代谢，延缓脊柱的衰老，从而解决多种亚健康问题。

五、教学科研

江苏省国医馆为南京中医药大学临床教学基地，承担本科生、硕士研究生的临床教学工作,提供跟师抄方、辨识中药、抓药煎药、膏丸制作等方面的教学指导,并与南京中医药大学国教院合作,对外籍学生、患者展示中医药特色及魅力。目前已指导相关专业学生800余名,其中外籍学生150余名,为中医药文化的传播做出了卓越的贡献。

图13-7　南京中医药大学学生在江苏省国医馆学习

此外,以南京中医药大学第一临床医学院临床医学实验中心为依托单位,开展对中医药的实验研究,以期开发具有自主知识产权的新药。目前承担及参与国家自然科学基金青年科学基金项目、江苏省自然科学基金青年科学基金项目、江苏省自然科学基金面上项目、江苏省高校自然科学研究面上项目、高等学校博士学科点专项科研基金联合资助课题各一项,发表SCI论文一篇,核心期刊论文10余篇。

六、大爱仁心　服务为民

国医馆自成立以来,一直秉承"以患者利益为根本,以精湛医术为核心,以优良药材做保障,以大爱仁心为准则,以传承创新为己任"的服务理念，聘请德艺双馨的专家为患者诊治疾病，优选道地药材、价格公道。负责南京中医药大学的临床教学工作，开展师带徒的教学模式传承中医，并积极开展实验研究，促进科研成果转化。

（一）养生科普

2006年江苏省国医馆开通官网，专门开设养生、科普专栏，定期宣传中医常识，介绍颐养生命、增强体质的方法，从而达到未病先防、延年益寿的目的。国医馆门诊宣传栏亦根据季节变化，结合流行病学，介绍常见病、多发病的中医治疗与防护，并进一步通过电视媒体宣传中医，如王旭东教授做客江苏卫视《万家灯火》栏目，向百姓传播养生知识，姜健龙教授的《中医体质养生》系列电视讲座等。平时，国医馆人更深入周边小区，免费发放中医宣传册，教居民太极拳、五禽戏、八段锦、养生食疗等，受到大家的热烈欢迎。

（二）义诊咨询

江苏省国医馆除在馆内进行医疗服务外，还积极配合相关部门、电视媒体定期开展义诊咨询等综合医疗活动，深入高等学府、社区、街道，为居民免费评估体质，提供养身咨询，制定健康方案，取得了较好且深远的社会反响。如参加南京市新社会组织的大型义诊活动、民政局组织的九九重阳节义诊活动等。

七、专家团队

江苏省国医馆云集了一大批由南京中医药大学、江苏省中医院、省人民医院、省中西医结合医院、鼓楼医院、中大医院、南京市中医院等单位的国内、省内知名中医药专家、博导、教授、全国政协委员、享受国务院特殊津贴离退休专家60多人的高层次专家团队。

（1）中医内科：人才济济，梯队形成。建馆初期老一辈专家有国医大师周仲瑛教授、肝病学家严明教授等，他们为江苏省国医馆发展壮大奠定了基础。目前江苏省国医馆的中坚力量有全国政协委员、享受国务院特殊津贴专家、南京中医药大学博士生导师王旭东教授，有江苏省名中医、享受国务院特殊津贴专家季光教授，江苏省名中医、南京中医药大学教授、博士生导师顾武军教授，南京中医药大学博士生导师孙桐、郁觉初、刘学华、王旭教授，江苏省名中西医结合专家陈德珍、龚励俐、姜健龙教授，肿瘤专家吴昌国教授，肝病专家成建山教授，神经内科朱运斋主任中医师、内科杂病、疑难病专家罗兰芳、杨淑珍主任中医师等。中青年专家有姚映芷、马莉、朱平、吴嘉玄、张晓东、刘敏等副教授、副主任中医师。

（2）中医外科：江苏省中医学会外科皮肤科专业委员会主任委员李月萍教授，男科专业委员会副主任委员钱普明主任中医师，康鸿雁、付学正主任中医师。

（3）针灸推拿科：整脊推拿王中林教授、内功推拿王道友主任中医师、针灸推拿杨道建副主任中医师、小针刀疗法王自平主任中医师、小儿推拿陈紫涵中医师及林庆松、郭明瑞、肖宇、涂明雄、张峻诚、温又霖、许育雄等一批中医学博士。

（4）中医妇科：省中医学会妇科专业委员会副主任委员赵翠英教授，省人民医院主任中医师、祖传中医孙震和教授及陈定玉主任。

（5）中医儿科：市儿童医院专家薛道南、尹元主任中医师等。

（6）中药：南京中医药大学中药鉴定专家、执业中药师龚惠明教授，执业药师林正秀（主管药师），药师孙适人及药学博士成峰、徐小英、陈峰、袁媛等。

八、弘扬国粹　福泽四方

建馆之初，国医大师徐景藩教授对江苏省国医馆提出了以下希冀："中华医药，治病保健；源远流长，民族繁衍；博采众方，勤学深研；继承发展，启后承前；认真诊疗，热情恭谦；药材精选，配制规范；仁心为本，服务志坚；廉洁行医，诚心可鉴"，国医馆人将其视为"医馆之声"，并以此立为国医馆馆训，影响着多年来江苏省国医馆的经营模式、服务理念："中华医药，启自岐黄；博大精深，源远流长；心本慈悲，旨归寿康；学贯天人，道法阴阳；省病诊疾，救死扶伤；敬持仁术，前贤是望；审证下药，务达周详；延年益寿，身心舒畅；贵庶一体，唯诚得彰；弘扬国粹，福泽四方"。

《中医药信息化建设"十二五"规划》："要完善基层中医药预防保健服务体系，为居民提供适宜所及的中医药服务"，因此江苏省国医馆将进一步聘请中医专家，优化服务质量，降低医疗费用，完善内部管理，改善就诊环境，引进医疗器械，提供学习机会，深入科研开发，扩大科普宣传等，树立良好的品牌传播效应。展望未来，江苏省国医馆将是一个集中医医疗、学术传承、产学研结合，具有自主知识产权和中医传统特色的、集团式运作的中医药品牌实体。

（严晶、严谨、吴周烨　整理）

地址：江苏省南京市鼓楼区清凉门大街168－8号（中心南村站台）

"江苏省国医馆"微信

广州中医药大学国医堂

广州中医药大学国医堂2014年5月29日签约,经过一年的筹建、设计、装修,2015年5月29日正式开业,国医大师邓铁涛为国医堂题匾,颜正华、禤国维、刘柏龄、孙光荣等国医大师及自然国学孙关龙、宋正海等老先生出席开业盛典。

图14-1 国医堂正面照

国医堂坐落在东莞市松山湖,占地面积达1639平方米,是首家由广州中医药大学独家品牌授权运营的集公益医疗、高端私人健康定制与企业健康管理为一体的权威中医健康服务机构。

一、承古创新

装修风格将中医药传统文化展现得淋漓尽致,以"南医""南药"为特色,拟打造"医、药、琴、棋、书、画、武、哲、膳、养"原汁原味中医药一体化综合体验基地。

国医堂以"继承+创新"为主线,继承"全国名老中医学术经验及流派学术思想"为抓手,目前国家中医药管理局颁发的"全国名中医周福生教授工作室"(脾胃方向)、"全国名中医赖新生教授工作室"(针灸方向)及"岭南靳三针学术流派传承基地"正式落户国医堂,并成为世界中医药学会联合会国医堂馆社区服务专业委员会副会长单位。

获得广东省中医药局和广东省旅游局颁发的"广东中医药文化旅游示范基地";创新"信息化实证+象数学解析"的中医药现代化探索,提出基于"辨质、辨证、辨病"三位一体的中医药健康管理体系,在国医大师王琦教授"体质理论"指导下联合广东省中医院治未病中心10余万亚健康人群数据开发自主产权"中医药健康管理云平台";以李以坚教授40余年经验研发的"八十道经络检测"结合"DMS经络检测"为亚健康人群揭示几千年经络之谜,将子午流注和灵龟八法等时空医学完美结合;引进301医院袁云娥教授团队的"热红外断层扫描系统",将传统医学"八纲辨证"以可视化、客观化等形式展现,为中医药在健康监测、健康管理提供有力手段;脑象图检测仪的引进为高新区白领阶层失眠、焦虑等疾患保驾护航提供强有力支撑,以上几套设备基于"互联网+协同创新"思维,分别从"体质、经络、气血、脏腑"等维度在整体观的视野下对人体进行解构,借此为中医药远程辅助诊疗系统构建奠定基础。

二、馆长风采

广州中医药大学国医堂采取理事会领导下的院长负责制，许仕杰为广州中医药大学国医堂创始人兼总顾问，现任东莞广州中医药大学中医药数理工程研究院理事会理事、常务副院长，广州中医药大学中医药数理工程研究院副院长，华南中医药协同创新中心主任助理，社会医学与卫生事业管理领域副研究员、执业中医师，博士研究生，第四、第五批全国名老中医药指导老师，广东省名中医周福生教授学术继承人，世界中医药学会联合会"国医堂馆社区服务专业委员会"副主任委员，广东省中西医结合学会"健康管理工作委员会"副主任委员，广东省肝脏病学会"中医药专业委员会"秘书长，广东省中医药学会"脾胃病专业委员会"常委。承担和主要参与国家级、省部级课题20余项，发明专利授权1项，副主编医学论著3部（参编4部），国内外医学类期刊发表论文130余篇（SCI 2篇），获中华中医药学会李时珍医药创新一等奖、广东省科学技术三等奖、广州中医药大学科技进步一等奖各1项。承担博士、硕士班选修课《中药现代化引论》部分教学工作，获广东省自然科学基金管理先进工作者、广州中医药大学产学研基地建设贡献奖、广州中医药大学科技管理先进工作者等荣誉称号。

三、中医治疗结合现代健康管理

广州中医药大学国医堂在东莞市委市政府、松山湖管委会等领导的直接关心下，由东莞广州中医药大学中医药数理工程研究院与东莞市松山湖控股有限公司合资兴建，是首家由广州中医药大学独家品牌授权并参与运营管理的中医特色医疗服务机构，集名老专家门诊、特色传统疗法、中医治未病为一体的权威中医健康医疗养生保健服务机构。

国医堂荟萃了广州中医药大学及国家中医药管理局64家中医医学流派众多全国名老中医及其传承弟子,以纯中医的治疗手段,结合现代健康管理的方法,为患者提供内科、妇科、儿科、针灸推拿、康复理疗等领域的中医药特色传统疗法与保健服务。同时,依托于广州中医药大学在中药材种植、饮片加工炮制等方面的专业优势,为患者提供来源道地、炮制科学的精品中药,保障用药的安全及疗效。此外,国医堂还引进了中医体质辨识、经络检测、热断层扫描成像系统、脑象图等现代中医体检设备,可以让患者更了解自己的健康状态,进而提供全面的养生指导,为患者提供包括门诊服务、药物养生、中医理疗服务、健康教育为一体的中医健康管理体系。

四、定制服务 健康到家

服务项目包括名医坐诊(国家级、省级名老中医常年亲诊中医内、妇、儿等各科疾病),并提供私人健康定制上门服务,传统疗法(权威专家辨病辨证辨质基础上,提供推拿、针灸、熏蒸、拔罐、美容、减肥等中医特色传统疗法服务),健康管理(中医个性化的体检包括体质辨识、经络能量检测、热红外检测等,为客户建立终身结构化电子健康档案,定制健康养生方案,定期或根据企事业单位需要提供名家健康养生讲座,普及中医养生知识),私人定制(为客户提供广州中医药大学第一附属医院、广东省中医院等三甲医院预约挂号住院一站式VIP服务,提供煎药、打粉、切片、膏丹丸散、药酒、药膳私人定制及送货上门等服务)。

五、传统疗法

中医传统疗法包括了:针灸疗法、刺血疗法、推拿按摩、刮痧疗法、贴敷疗法、拔罐、火疗、气功等。传统疗法通过调理整个人体状态来达到治疗疾病的目的,其具有独特的理论体系,经过丰富的临床验证,同时也体现了传统医学治未病、防重于治、养生保健和健康调养的学术思想。

(一)贾氏点穴疗法

"贾氏点穴"流派是在20世纪50年代由贾氏立惠大师根据武功点穴原理与中医经络穴位相结合而独创的一门点穴治病绝技。80年代,广东人陈荣钟拜贾立惠为师,在潮州创办点穴治疗中心,走临床与科研结合的道路,开展点穴治难疾系列科研。

图14-2 陈荣钟教授

陈荣钟开展的"点穴治难疾"系列科研,获得省、市科技进步奖近十项。他所著的《中国传统点穴疗法》《点穴与临床》等专著及科教VCD专辑,多篇学术论文在国家级刊物发表。

功夫不负有心人!陈荣钟教授长年累月的医学研究,总结出"点穴十法",这相当于以指代针,但比针灸更令人易于接受,为病患治疗疾病,具有独特的疗效。

(二) 通元针法

全国名老中医、广州中医药大学国医堂专家赖新生教授从医40余载,在司徒铃、靳瑞教授学术精髓的基础上创新发展,擅长针药结合,精于针刺补泻,对子午流注针法的应用独出杼机。他率先在国内开展针灸治疗变态反应性疾病的临床和机理研究,创立了"通督养神,引气归元"针法,简称通元针法,蕴含赖氏针法处方和针药结合的独特学术思想。

图14-3 赖新生

元气乃一身之本,通元调治人体元阴元阳是治疗脏腑、经络、营卫等相互关系失调及一切气机升降出入运动失常的核心所在。通元针法的临床运用法则主要有引气归元、通督养神、阳气引领阴气、扶正以祛邪,具有突出任督两脉、统领阴阳而调节脏腑、充分发挥经络治疗效应的特点,极大地扩大了针灸适应证。

(三) 特色针法——蟒针

蟒针原本是一种民间医术,在道家僧侣中流传甚广,很多僧侣道士常用蟒针来治病救人。太清道士就有一《蟒针赋》

传世：

粗兮长兮犹蟒虫，
降妖斩魔驱邪风，
惊痫癫狂㖞瘫痹，
针到病除显神通。

这首精辟的七言绝句不仅道出了蟒针的奇效，还形象地说明蟒针好比草原上的大蟒蛇，威力惊人。

1962年起，针灸名家王实古就开始挖掘、整理蟒针及其疗法，如今已经使之系统化，成为一种独特的疗法。经过王实古以及其传人龙国日教授两人数十年的发展应用，收获颇丰。如今的蟒针疗法，对各种疑难重症，都有非常高的疗效，不仅深受患者欢迎，也传播到海外，影响深远。

（四）循经推拿疗法

图14-4 龙国日

推拿是中国古老的医治伤病的方法，推拿又有"按跷""跷引""乔摩""案杌"诸称号，是中医学的一个重要组成部分，是以中医脏腑、经络学为理论基础，并结合解剖和病理诊断，用手法作用于人体体表的特定部位以调节机体生理、病理状况，达到理疗目的，具有恢复体力、减轻疲劳、增强人体血液循环，提高人体抗病能力、调节脏腑，美容减肥、防病治病、延年益寿的功能。此外，推拿可使人体表面毛细血管扩张，增加人体皮肤的营养从应，改善皮肤的呼吸，有利于皮肤表面汗腺和皮脂分泌，能达到美容的目的。

（五）易筋归——熏灸疗法

艾灸（熏灸），古称灸焫，是指利用艾叶点燃后在腧穴上或患处进行烧灼或熏熨，借其温热性刺激及药物的作用，以达到防病治病目的的一种外治方法。艾灸与针刺法一样同属于中医外治法的范畴，具有操作简单、使用方便、适应证广、疗效显著、安全可靠、毒副作用少的特点，可温经通络、益气补血，发挥治疗疾病和未病先防、养生、保健的作用。

国医堂所使用的易筋归一熏灸疗法，利用专利易筋熏灸床施灸，改变了传统艾灸的模式，具有药力峻、火力猛、渗透力强、灸疗面广等特点，满足"凡灸诸病，必火足气到始能愈"的要求，真正体会"气速至而速效，气迟至而不治"的深层意义。特别适用于颈肩背痛或不适、腰骶臀腿痛或不适、腰痛（肾虚）、恶寒怕冷、胃痛（胃寒）、腹痛、腹泻等消化系统疾病，咳嗽、气喘等呼吸系统疾病，痛经、月经不调、宫寒（不孕）等慢性妇科疾病，各种慢性疾病及虚损性疾病，慢性疲劳综合征等，此外还用于强身健体、温肾壮阳、卵巢保养等保健灸及其他亚健康状态。

（六）阴阳平衡拔罐疗法

拔罐疗法，古称为角法。这是因为我国远古时代医家，是应用动物的角作为吸拔工具的。在1973年湖南长沙马王堆汉墓出土的帛书《五十二病方》中，就已经有关于角法治病的记述。

阴阳平衡拔罐疗法借助热力排除罐内空气，造成负压，使之吸附于腧穴或应拔部位的体表，使局部皮肤充血、瘀血，以达到防治疾病的目的，常用于感冒、头痛、不寐、肩凝症、腰痛病、项痹病、胃脘痛病、痛经及带状疱疹等疾病。

（七）全身低温熏蒸疗法

中药熏蒸疗法是指利用药物煮沸后产生的蒸汽来熏蒸肌体，以达到治疗疾病、养生保健的方法。由于蒸汽对身体的蒸腾作用，可使全身经络涌动，推血运行，药力经皮肤直达各脏腑，无处不至。

国医堂采用具有专利技术的全身低温熏蒸技术，与传统部位熏蒸不同，全身熏蒸能使全身毛孔扩张，将深伏于关节、经络、骨骼的瘀血、痰浊等病邪从毛孔透出体外，同时使药物从毛孔渗入体内，帮助机体恢复功能，药借热力，热助药力，相得益彰。

由于湿润的热气能加速皮肤对药物的吸收，同时皮肤温度的升高，可导致皮肤微小血管扩张，增加汗腺的分泌，促进血液和淋巴液的循环，因此有利于症状的缓解和病灶的消失。又由于熏疗过程中角质层吸收水分变得疏松，而药物成分还有一定的溶解角质层的作用，使药物成分更易透过皮肤屏障而发挥治疗作用。此外，角化细胞亦能贮存某些药物，这种"库存效应"能够使贮存的药物成分被缓慢吸收，所以短时间的熏疗可以发挥长时间的疗效，仅用小剂量的中药熏蒸就能产生显著的效果。

（八）小儿推拿疗法

小儿推拿是在中医理论的基础上，以阴阳五行、脏腑经络等学说为理论指导，运用各种手法刺激穴位，使经络通畅、气血流通，以达到调整脏腑功能、治病保健目的的一种方法。小儿推拿的治疗体系形成于明代，以《保婴神术按摩经》等小儿推拿专著的问世为标志。小儿推拿的穴位有点状穴、线状穴、面状穴等，在操作方法上强调轻快柔和、平稳着实，注重补泻手法和操作程序，广泛应用于小儿泄泻、呕吐、食积、厌食、便秘、腹痛、脱肛、感冒、咳嗽、哮喘、发热、遗尿、夜啼、肌性斜颈、落枕、惊风等疾病，有较好的效果。

（九）埋线减肥

穴位埋线减肥疗法是针灸疗法的延伸，它是将人体可吸收的生物蛋白线利用特殊的针具埋入穴位，达到长效刺激穴位，疏通经络，从而防治疾病的一种疗法，也是一种长效针灸疗法，它弥补了针灸原有的扎针时间短、扎针次数多、疗效不持久、病愈后不易巩固的缺陷。植入人体内的生物蛋白线在体内停留 15～30 天就会自然地被身体溶解或吸收，不需要再取出，比起传统的针灸减肥三天两头要进针的方法，更适合繁忙的现代人。

针灸及穴位埋线减肥最大优点是无任何副作用，保证减肥过程中人体健康和精力旺盛，且反弹率极低；同时能兼治伴随肥胖出现的一些疾病，如痤疮、疲劳综合征、便秘、月经失调（月经周期过长、痛经、月经量过少或闭经）、性功能减退（女性性冷淡，男性阳痿、早泄）、高血压、高血脂、脂肪肝、不孕症、失眠、更年期综合征等也会得到改善。

（十）小针刀疗法

小针刀疗法是一种介于手术方法和非手术疗法之间的闭合性松解术，是在切开性手术方法的基础上结合针刺方法形成的。小针刀疗法操作的特点是在治疗部位刺入深部到病变处进行轻松的切割，剥离有害的组织，以达到止痛祛病的目的。

小针刀疗法对颈椎病、肱骨外上髁炎（网球肘）、屈指肌腱狭窄性腱鞘炎（弹响指）、足跟骨刺（足跟痛）、第三腰椎横突综合征、慢性腰肌劳损、腰椎间盘脱出症等具有非常好的疗效,通过对痛点进行针刀治疗,能在几分钟内疏通痛点,中医认为"不通则痛",治疗后疼痛会显著缓解(但有时候会有术后疼痛感)。

六、治未病服务

广州中医药大学国医堂治未病中心为客户提供极具中医特色的健康检测项目,包括中医体质辨识、中医经络检测(DMS)、热红外断层扫描成像系统,可以让客户更了解自己的健康状态,普及中医养生知识,进而提供全面的养生指导,为客户建立终身结构化电子健康档案,定制健康养生方案。

(一)中医体质辨识

体质辨识即是以人的体质为认知对象,从体质状态及不同体质分类的特性,把握其健康与疾病的整体要素与个体差异,制定防治原则,选择相应的治疗、预防、养生方法,从而进行"因人制宜"的干预措施。中医体质辨识,主要用于未病人群的健康风险预测、保健养生指导,还可为欲病人群、已病人群和病后康复人群的调理、治疗、康复提供基于偏颇体质纠正的保健养生指导。

客户在专业技术人员的指导下,完成"中医体质量表",并结合临床中医师的四诊信息采集综合辨识,得出客户的体质分型(平和质、气虚质、阴虚质、阳虚质、痰湿质、湿热质、瘀血质、气郁质和特禀质)。从体质状态及不同体质分类的特性,把握整体健康与疾病的整体要素与个体差异,制定防治原则,选择相应的治疗、预防、养生方法,从而进行"因人制宜"的干预措施。

(二)中医经络检测(DMS)

经络检测,是指通过对人体经穴能量的数据信息进行综合分析，评估受检者健康状况，对存在的疾病做出初步诊断或提出进一步防治建议的技术。国医堂采用的经络检测仪生物电采集系统（Digital Meridian System，DMS），是通过测量人体左右各十二条经络原穴的电阻，在利用主体转化器将电阻值转换为明确显示人体机能的测量值（经络能量指数）来反映人体经络的虚实状况，辅助评价人体的健康状态。整个检测具有操作简便、时间短、数据可视化的特点，能为检测个体提供全面科学的养生建议。

检查前一天建议休息良好，避免喝酒、过度疲劳或情绪过于波动，过饥、过饱或激励运动后以及处于生理期的女性不建议检测，佩戴心脏起搏器者、体内有金属者禁止检测。

（三）热断层扫描成像系统（TTM）

热断层扫描成像系统（Thermal Texture Maps System，TTM），简称TTM，是一种被动接收人体组织细胞代谢热，以功能学为主的医学影像检查设备，可探测到人体各组织各脏器由于病变产生的细微代谢热变化，检查过程无损伤、无辐射、2~3分钟可进行全身扫描，是20世纪90年代继X-CT、MRI、超声、核医学成像等四大医学影像技术之后的又一突破。

热断层扫描技术可以获得连续的、动态的、以热红外成像为载体的人体新陈代谢能量空间分布定位和定量信息，结合中医理论，能客观解释中医理论的核心内容"阴阳""寒热"，以及脏腑表里关系。

《素问·阴阳应象大论》云："阳盛则热，阴盛则寒。"健康人体组织器官的新陈代谢因脏腑功能状态、部位不同，四肢经络分布不同，所产生的能量表现为正常生理热态空间分布，正常人体热态分布相对均匀对称，体表热结构松散。在异常或病理状态下，人体的脏腑、经络空间结合热态（阴阳）空间分布发生变化，表现出异常的高热态或低热态区。这与中医的阴阳、脏腑寒热和虚实证候极为一致，即中医的热证和实证，则表现为脏腑空间定位的高热态投影区结合浅层和深层异常热态密实的结构分布；而寒象如脾胃虚寒或胃寒者，上腹部相当于胃区会显示低温区；肝阳上亢热象者，头面部会显示高温区，即"大白脸"。异常热态分布的浅表结构表现为中医的表证，异常热态分布的深层密实结构结合脏腑空间定位，定量表现为中医的"里证"。热断层扫描技术的应用，可以为中医全面、系统、动态地掌握疾病的阶段性变化、发展趋势和预后，提供一个有效的现代化脏腑经络空间定位、定量的手段。

七、专家团队

广州中医药大学国医堂特邀省内名老中医，临床一线专家定期到国医堂坐诊，阵容豪华为东莞地区之最。

（一）国家级、省级名老中医

吴伟康 教授/主任中医师、邓铁涛传承人、中山大学医科教授（二级）、国务院政府特殊津贴专家、广东省中西医结合学会会长。

赖新生 教授/主任中医师、全国名老中医、通元针法创始人、国务院特殊津贴专家、广东省针灸学重点学科学术带头人。

陈荣钟 教授/主任中医师、深圳市名中医、国家级非物质文化遗产传承人、美国中医药研究院顾问、泰国中医总会顾问。

刘小虹 教授/主任中医师、广东省名中医、广州中医药大学第一附属医院呼吸内科学术带头人。

林丽珠 教授/主任中医师、全国先进工作者、国务院政府特殊津贴专家、广东省名中医，现为广州中医药大学第一附属医院肿瘤中心主任兼肿瘤学教研室主任，广东省、广州市干部医疗保健专家。

郝建军　教授/主任中医师、广东省名中医、安徽省名中医、原暨南大学医学院附属黄埔中医院院长。

吕永慧　教授/主任中医师、广东省名中医，羊城好医生，原广州市中医院消化脾胃科主任、肝病科主任、大内科副主任。

（二）广州中医药大学及其附属医院、省内知名中医。

郑学宝　教授/主任中医师、广州中医药大学国医堂首席专家、广东省中西医结合学会副会长，曾在广东岭南大讲堂、海南国际旅游大讲堂举办讲座。

李坤寅　教授/主任中医师、广州中医药大学国医堂特色妇科团队带头人、中华中医药学会妇科专业委员会常务委员、广东省中医药学会妇科专业委员会副主任委员。

龙国日　教授/主任中医师、我国蟒针传人，国家高级特色疗法师、中国特种针法研究会秘书长。

彭旭明　副教授/副主任中医师、广州中医药大学第一附属医院推拿科副主任中医师。

洪波　副教授/副主任中医师、羊城好医生、原广州市中医院妇科主任。

施建明　中医内科学教授、硕士研究生导师。

张壮涛　副教授、小针刀专家。

李愈飞　副主任中医师、广东省中医肛肠委员会委员、东莞市中医肛肠委员会委员，完成各种痔瘘、直肠手术6000余例。

八、正本清源弘医道　松湖点滴润苍生

广州中医药大学国医堂秉承"正本清源弘医道、松湖点

滴润苍生"的核心价值及服务理念,在"名校、名医、名药、名店"的金字招牌与学校及其附院优质医疗、教育资源的支持下必定为您提供专业、安心、舒适的高水平优质服务,为您的健康保驾护航!

(许仕杰　整理)

地址:东莞市松山湖新竹路 2 号和堂 16 栋(万科生活广场后)

"广州中医药大学国医堂"微信

上海福佑中医门诊部

一、医馆简介

上海福佑中医门诊部隶属于上海福佑中医药科技发展有限公司的一家营利性民营医疗机构。上海福佑中医门诊部成立于2003年元月，门诊部位于上海市虹口区，占地总面积为700余平方米。医疗科室设置为中医肿瘤科、肛肠科、妇科、骨伤科、内科、外科、针灸科、推拿、皮肤科等诊疗科室，设置药剂科、B超、心电图室、临床检验科等医技科室。门诊部现有医技护人员25人，中高级职称中医医师10余人，占地面积830平方米，现有医、技、护人员22人，行政后勤人员18人。门诊部经卫生行政部门审核批准及已开展的诊疗科目有：医学检验科、医学影像科、中医科、内科专业、外科专业、妇产科专业、皮肤科专业、肿瘤科专业、骨伤科专业、针灸科专业、推拿科专业等。

福佑中医门诊部采用中式古典装修，突出传统中医文化，候诊室设计古典醇厚，古典的流苏吊灯，相依而对的月洞门，古朴精致的雕刻，一点一滴古韵的汇聚，让这方空间弥漫着浓厚深远的中国传统文化意境，让每位就诊人员安心待诊。

二、馆长风采

福佑中医门诊部由郭文杰总经理亲自创办。郭文杰出生于

图 15-1　福佑中医门诊部

1968年，1987年入伍第二军医大学，2002年毕业于南京解放军政治学院，大学本科，军校毕业后分配到第二军医大学附属长海医院从事行政管理工作，2000年部队转业分配到上海市虹口区政府机关工作。

图 15-2　郭文杰总经理

郭文杰总经理特别酷爱中医，心中一直有一种心愿：将中国传统中医药发扬光大，挖掘传统中医药宝库为百姓谋福。2012年12月份他辞去公务员工作，全身心投入到福佑中医药科技发展有限公司的发展经营管理工作中。如今他按照自己的心愿和创新的思路，不断拓展福佑中医门诊部各项业务开展，已取得了明显的成就。

三、特色诊疗

福佑中医门诊部主要致力于弘扬中国传统中医药事业发展、研究、开发和创新，坚持以中医世家人才为源，突出中医特色方向，努力寻求中医药优势，以不孕不育、肛肠疾病、肝病、肾病、妇科病、骨伤病、肿瘤病、疑难杂病等为医疗特色，给广大患者提供优质、便捷、廉价、安全、温馨的医疗服务。

（一）不孕不育

不孕不育的中医治疗是福佑中医门诊部的主打品牌。左中仁医师是祖传世家第六代传人，上海名老中医，在临床40余年的工作实践中，结合祖传秘方和中医的辨证施治的理论和实践，对男女不孕不育疾病有其独特的治疗方法，取得明显临床疗效，经他诊治的不孕不育病人，怀孕率明显提高，在病人中有良好口碑。左中仁医师在肝病、肾病、结石等治疗效果也非常明显，颇受病人的赞誉。

（二）疑难杂症

门诊部在疑难杂症方面治疗有其独到特色。周立寰医师是祖传世代医家，从医60余年，特别在治疗胃病方面有其明显的治疗效果，在各种骨关节疾病的治疗上效果显著。他利用穴位针刺治疗妇女乳房小叶增生方面有其独特之处，能达到非常理想的疗效。

(三）肛肠疾病

门诊部开展中西医结合治疗肛肠疾病是门诊部的一大特色。沈维来医师多年来长期从事肛肠专科的临床研究和实践，对痔瘘疾病的治疗积累了丰富的临床经验，并创造和研制了逆向扩肛器，以及中医药在痔瘘疾病的治疗和术前术后的运用等。多年来共治愈病人一万余人，其最大的优点是手术出血少、恢复时间快、没有疼痛、不用住院治疗、手术费用低等优势，没有一例病人有任何后遗症情况发生，得到了众多病人的赞誉。

2001年3月沈维来医师编著的《肛肠疾病的中西医治疗》一书，是全国唯一一本中西医结合治疗肛肠疾病的医学专著。

四、特色科室

福佑中医开放多个科室，提供各类中医药治疗技术……（可选择部分科室或全部配图，科室介绍是官网摘录，请添完整并酌情修改。）

（一）推拿按摩

我院推拿按摩专科以中医特色诊疗技术如推拿、针灸、火罐、刮痧、小针刀、中药熏洗、中药外敷、耳穴、穴位注射等传统治疗方法为主，按照中医阴阳、五行、经络、腧穴等理论指导，在人体特定的部位上进行操作，来达到疏通经络、活血化瘀、补气养血等效果，治疗疾病、疼痛。

（二）肿瘤专科

门诊部肿瘤专科以药物治疗为基础，以心理治疗为前提，以体外治疗为补充，以食物治疗为保障，实现改善症状、控制病情、抑制肿瘤，防止复发和转移、延长生命。扶正培本是门诊部中医预防、治疗肿瘤的特色和优势，具有较好的临床疗效。

(三) 中医皮肤科

门诊部皮肤诊疗专科运用纯中医中药治疗皮肤病,对患病部位和经络病变区进行有效渗透,药力直达病灶,有效地将患者体内有毒物质排出体外,能够防止反复发作,用药无毒副作用,服用简单方便,临床疗效显著,已经得到各种皮肤病患者的肯定。

(四) 针灸减肥

门诊部针灸减肥以中医针灸原理为基础,疏通经络,调节脏腑,调补肝肾为原则,有效调节内分泌,促进新陈代谢,促进脂肪的燃烧分解,从而达到健康减肥的目的且不易反弹,同时还能消除皮肤老化自由基,亦能清热解毒、利湿化瘀、软坚散结,改善血液循环,平衡油脂分泌。

(五) 中医男科

门诊部男科遵循国际男性疾病诊疗高标准,注重中医辨病辨证相互结合和整体调节,或内治,或外治,或内外结合,专业诊治男性常见病、多发病、顽疾、生殖疾病,有显著效果,真正做到了"专科专病专治"。

(六) 中医妇科

门诊部中医妇科集医疗、预防、康复为一体,根据女性月经周期不同时期阴阳、气血的变化规律并结合妇科疾病的病机特点进行周期用药,运用中药调理,产生整体综合调节效应,且减少毒副作用,也不会形成依赖性,远期疗效较好,充分体现了中医学整体观念、治病求本的优势,临床疗效显著,应用范围也日益扩大。

(七) 中医内科

门诊部中医内科是辨证论治、因人、因时、因地制宜的个体化诊疗体系,对多因素发病的现代难治病、各种慢性病,中药通过多种有效成分对人体多环节、多层次、多靶点的整合调节作用,配合传统中医学的推拿、按摩、针灸、拔罐、膏药、药浴、保健气功、药膳食疗等丰富多彩的保健治疗方法,调节个体的异常功能状态,使之达到相对平衡来维持健康,具有明显的特点和优势。

(八) 中医骨科

门诊部骨科以中医药内外治疗老年性骨关节炎、骨质疏松症,配备专业康复理疗师,并配置专科功能康复设备,为患者进行推拿、针灸、中药熏蒸、自制中药药膏外敷等服务,加强患者术后功能康复,同时使各类骨痹、骨痿等患者得到更有效的保守治疗。

(九) 中医外科

门诊部中医外科以中医药理论为指导,整体辨证与局部辨证相结合,采用以中药内服外敷和无痛手术为主的方式,治疗皮肤、肛肠等疾病,治疗效果良好。

(十) 中医儿科

门诊部中医儿科是以中医学理论体系为指导,根据小儿"脏腑柔弱、易虚易实、易寒易热"的生理病理特点,施用中药、针灸、小儿推拿、艾灸、敷贴等治疗手段,为小儿的生长发育、喂养保健、各类疾病预防和治疗以保驾护航,值得信赖。

五、医疗服务

福佑中医门诊部自成立以来,致力于继承和弘扬中国的传统中医诊治理念,以中医事业为本,研究开发为纲,"纳福于民,民佑我福"为宗旨,坚持以中医世家为源,突出中医特色，发挥中医、中药优势，走纯中医道路，突出四诊，明辨八纲，采用辨证施治，一人一方的中医治疗及精心调理。

福佑中医门诊部在医疗服务中充分体现以"以病人为中心"、以医疗质量为核心的服务理念，认真接待每一位病人。在诊疗过程中，医务人员做到以耐心、细心、温馨的态度诊治每一位病人，以良好的服务态度和优质的医疗质量为病人解除疾病的痛苦，在医疗服务中做到合理诊断、合理检查、合理用药、合理收费。医务人员在医疗过程中真正体现关心病人、体贴病人、服务病人，使病人感到温馨的服务。

上海福佑中医药科技发展有限公司的领导和福佑中医门诊部的领导在平时医疗工作中认真贯彻执行各级卫生行政主管部门对医疗机构的工作要求，严格法律法规和规章制度的执行，严格各项操作规范的落实。要求医务人员恪尽职守、文明行医，遵守职业道德、廉洁自律，建立融洽、和谐的医患关系，以优质的服务取信于民，以诚信服务于民，福佑中医门诊部多年来连续被评为上海市诚信创建企业的荣誉称号。

福佑中医门诊部自开办以来，由于领导重视和强化医疗质量和服务质量，多年来门诊部以优质的医疗质量和良好的服务态度，以优雅、舒适、整洁的医疗环境为广大患者提供了优质、便捷、廉价、安全、温馨的医疗服务，从而赢得广大患者的赞誉，也得到当地卫生行政部门和卫生协会的好评和认可。

六、致力发展中医

福佑中医门诊部自开业以来，由于加强管理，重视人才引进和培养，不断提高医疗质量和服务水平，门诊部在当地周边居民中已经形成特色和品牌效应，在众多患者中形成良好口碑。为了进一步打造福佑中医门诊部的品牌，在原有的基础上加强人才队伍引进和建设，多年来切身体会到：人才是一个企业发展壮大的关键，有了好的学科人才，就可以为企业发展起到支柱性作用，就可以为企业发展带来强大动力，就可以为企业发展带来巨大空间。真正把有真才实学，有世家传承，有敬业精神，有良好医德的医师引进所用。做到以事业留人，以感情留人，以待遇留人，以环境条件留人，使引用人才无后顾之忧，全身心投入到为病人医疗服务工作中，将福佑中医门诊部做精、做细、做大、做强，更好地服务于广大患者。利用福佑中医药科技发展有限公司的平台，将传统的中医药方剂进一步研发、推广、利用，在养生、保健、美体、康复等方面发挥其传统中医药作用，从而造福于民。

七、专家团队

图 15-3　周立寰

周立寰　祖传世代医家，从医 60 余年，对常见病、多发病治疗方法上有独特之处,在疑难杂症上也挽救了很多病人。在从医几十年中,吸收医学精华,不断精益求精,在诊治、用药上有独特之处,特别在胃、肠、肝、胆、肾脏疾病治疗效果可达95%以上,胆、肾外科治疗效果也非常满意,在各种骨关节疾病治疗上也达到了可喜的疗效。周立寰医师编著的《指甲诊病》一书,于1993年5月由南京出版社出版,全书力求层次分明,通俗易懂,深受广大医学工作者和医学爱好者的喜爱。多年的行医中不但有国内的患者,还包括国外如新加坡、日本、韩国、美国、港澳台人士,皆全已康复。

擅长:疑难杂病,尤其是胃病方面;各种骨关节疾病,乳房小叶增生等。

图15-4　左中仁

左中仁　祖传中医世家、执业中医师,上海名老中医,现任中华医学会专家委员会委员。左医师自1959年起随父学医,至今已有40余年临床经验。其父左企鸿为上海名老中医、上海市首届中医师公会创始人之一,1950—1953年任闸北区中医师分会主任委员,1999年被誉为闸北区百年名人之一,自幼随父学医(其父上海名老中医左企鸿),著有《医钥》。左医师不仅继承祖传医术,且秉承其父医德医风,精医学,于2009年被全国科监委医疗管理委员会聘为专家委员并荣获全国首届百佳国医名师"仲景医圣奖"。

擅长:男女不孕不育症、结石、肝病、肾病。

图15-5 沈维来

沈维来 中医外科主治医师,是中华全国医学会会员,中华全国中医药研究促进会肛肠分会常务理事,东方痔瘘防治专家组主要成员。从医廿余年,在2001年编著了《肛肠疾病的中西医治疗》一书,由上海中医药大学出版社出版并向国内外发行。从1994年起即在上海中西医结合医院、上海港医院等多家医院开展专家门诊，多年来诊治患者数万例，治愈率高达99%，深受患者好评。

擅长：内痔外痔混合痔肛瘘。

治疗特色：（1）治疗前不需要灌肠。（2）治疗后没有通常会有的剧烈疼痛，第二天起没有任何疼痛，排便时也没有疼痛。（3）术后不需要住院，不用输液，不用换药。（4）治疗效果肯定，一次治愈，基本不会复发。（5）术后可以正常饮食，正常排便，正常生活。

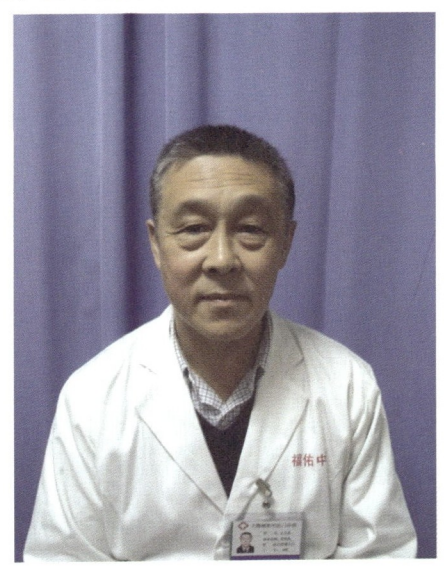

图15-6　王文勇

王文勇　主任中医师，辽宁中医学院毕业，从事中医医学、教学及科研工作30余年，曾在多家三甲医院任中医科主任，对中医内科、妇科常见病及复杂疑难病症的诊治有丰富的临床经验。曾获"全国杰出青年中医提名奖"，主编中医著作（教材）8部，在国内外学术会议及学术期刊上发表论文30余篇,并有10余项科研项目获得省市级科技进步奖。

擅长:中医中药治疗肿瘤,亚健康调治、抗衰老、中医延寿,妇科月经不调的诊治,能根据患者体内脏腑失调、气血失和、经络不畅的根本问题,通过中药内调、针灸、埋线等手段进行辨证治疗,广获好评。

(蔡智勇　整理)

地址:上海市虹口区东宝兴路905号

"福佑中医"微信